SUSTENTABILIDADE, GOVERNANÇA E MEGAEVENTOS

Estudo de Caso dos Jogos Olímpicos

SUSTENTABILIDADE, GOVERNANÇA E MEGAEVENTOS

Estudo de Caso dos Jogos Olímpicos

Maureen Flores

ELSEVIER

CAMPUS

© 2014, Elsevier Editora Ltda.

Todos os direitos reservados e protegidos pela Lei nº 9.610, de 19/02/1998.
Nenhuma parte deste livro, sem autorização prévia por escrito da editora, poderá ser reproduzida ou transmitida sejam quais forem os meios empregados: eletrônicos, mecânicos, fotográficos, gravação ou quaisquer outros.

Capa: Leslie Morais
Copidesque: Wilton Fernandes Palha Neto
Revisão: Vania Maria Castro Azevedo
Editoração Eletrônica: Estúdio Castellani

Elsevier Editora Ltda
Conhecimento sem Fronteiras
Rua Sete de Setembro, 111 – 16º andar
20050-006 – Centro – Rio de Janeiro – RJ – Brasil

Rua Quintana, 753 – 8º andar
04569-011 – Brooklin – São Paulo – SP – Brasil

Serviço de Atendimento ao Cliente
0800-0265340
atendimento1@elsevier.com

ISBN 978-85-352-7553-7
ISBN (versão digital): 978-85-352-7554-4

Nota: Muito zelo e técnica foram empregados na edição desta obra. No entanto, podem ocorrer erros de digitação, impressão ou dúvida conceitual. Em qualquer das hipóteses, solicitamos a comunicação ao nosso Serviço de Atendimento ao Cliente, para que possamos esclarecer ou encaminhar a questão.

Nem a editora nem o autor assumem qualquer responsabilidade por eventuais danos ou perdas a pessoas ou bens, originados do uso desta publicação.

CIP-Brasil. Catalogação na Publicação
Sindicato Nacional dos Editores de Livros, RJ

S966   Sustentabilidade, governança e megaeventos: estudo de caso dos jogos olímpicos / Maureen Flores ... [et al.]; organização Maureen Flores. – 1. ed. – Rio de Janeiro: Elsevier, 2014.
24 cm.

ISBN 978-85-352-7553-7

1. Sustentabilidade. 2. Olimpíadas – Planejamento – Aspectos sociais – Rio de Janeiro (RJ). 3. Eventos esportivos – Planejamento – Aspectos sociais – Rio de Janeiro (RJ). 4. Planejamento urbano – Aspectos sociais – Rio de Janeiro (RJ). 5. Instalações esportivas. I. Flores, Maureen.

13-06456   CDD: 307.768153
CDU: 316.334.56(815.3)

A minha filha Litza pois sem ela minha existência seria menor.
Aos autores que fizeram esta obra possível.

Os Autores

BERNARDO VILLANO
Possui graduação em Educação Física pela Universidade do Estado do Rio de Janeiro (2002) e mestrado em Educação Física e Cultura pela Universidade Gama Filho (2009). Dedicado aos estudos olímpicos e seus legados, participou como editor do livro intitulado *Legado de megaeventos esportivos*, editado pelo Ministério do Esporte, em 2008. Atua na área de eventos esportivos desde os Jogos Pan-americanos do Rio (2007), com destaque para participações nos Jogos Olímpicos de Vancouver (2010), Londres (2012) e atualmente como Coordenador de Competição Esportiva do Comitê Organizador dos Jogos Olímpicos e Paralímpicos Rio 2016.

VITTORIO LO BIANCO
Bacharel em Relações Internacionais pela PUC-Rio, mestre em Políticas Públicas, Estratégias e Desenvolvimento pelo Instituto de Economia da UFRJ, especialista em Políticas Públicas (UFRJ) e em Gênero e Sexualidade (Instituto de Medicina Social/UERJ). É pesquisador associado do Laboratório Educação e República (UERJ).

THAYS VENTURIM GUIMARÃES
Mestre em Administração pela EBAPE/FGV. Pós-graduação *lato sensu* no Observatório de Inovação do Turismo, na FGV – Fundação Getulio Vargas; bacharel em Turismo pela Universidade Federal Fluminense (UFF). Atua como pesquisadora e assistente de projetos do Núcleo de Turismo da Fundação Getulio Vargas.

JOAQUIM RUBENS FONTES FILHO
Doutor em Administração e professor da EBAPE/FGV. Pesquisador do CNPq e da FAPERJ, desenvolve estudos nas áreas de governança corporativa e das organizações, estratégia, com diversos livros e artigos publicados nesses temas.

LUIZ MARTINS DE MELO
Possui graduação em Economia pela Pontifícia Universidade Católica do Rio de Janeiro (1977), mestrado em Economia da Indústria e da Tecnologia pela Universidade Federal do Rio de Janeiro (1989) e doutorado em Economia da Indústria e da Tecnologia pela Universidade Federal do Rio de Janeiro (1994). Possui experiência na área de Economia, com ênfase em Economia Industrial, atuando principalmente nos seguintes temas: inovação, esporte, arranjos produtivos locais, financiamento e sistemas de financiamento para a inovação no Brasil e no exterior.

MAUREEN FLORES
Doutora em Políticas Públicas, Estratégia e Desenvolvimento pela UFRJ; mestre em Política Ambiental pelo Bard College nos Estados Unidos; pós-graduada em Políticas Públicas e Sistemas de Gestão Ambiental pela UFRJ. Foi Gerente de Sustentabilidade do Comitê Organizador dos Jogos Olímpicos e Paralímpicos Rio 2016 e atua como consultora nas áreas de política ambiental, inovação e sustentabilidade. É pesquisadora pós-doutoral no Programa de Informática Aplicada na UNIRIO, onde desenvolve o Esporte_TEC, uma plataforma tecnológica para divulgação da inovação para o esporte. O Esporte_TEC é financiado pela CAPES. É responsável pelo desenvolvimento do EsporteTEC, um projeto de pesquisa pós--doutoral que visa dar institucionalidade a um nicho de mercado que engloba tecnologia, esporte e inovação. O projeto é financiado pela CAPES.

Abreviaturas

AIOWSF	Association of The International Olympic Winter Sports Federations
AISTS	International Academy of Sports Sicence And Technology
AMA	Agência Mundial Antidoping
AOI	Academia Olímpica Internacional
ANOC	Association of National Olympic Committee
AON	Academia Olímpica Nacional
ASOIF	Association of Summer Olympic Winter Sports Federations
CED	Committee for Economic Development
COI	Comitê Olímpico Internacional
COJO	Comitê Organizador dos Jogos Olímpicos
CON	Comitê Olímpico Nacional
EOSS	Event Organisers Sector Supplement
FI	Federação Internacional
FN	Federação Nacional
JOJ	Jogos Olímpicos da Juventude

GEE	Gases de Efeito Estufa
GRI	Global Report Initiative
IOA	International Olympic Academy
LAOOC	Comitê Organizador de Los Angeles
MEA	Acordos Multilaterais Ambientais
MO	Movimento Olímpico
NEI	Nova Economia Institucional
OBS	Olympic Broadcast Service
OGI	Olympic Games Impact
OGKM	Olympic Games Knowledge Management
OMC	Organização Mundial do Comércio
OMS	Organização Mundial da Saúde
ONG	Organizações Não Governamentais
ONU	Organização das Nações Unidas
OPAB	Olympic Photo Archive Bureau
OTAB	Olympic Television Archive Bureau
OVEP	Olympic Values and Eduction Program
PNUMA	Programa das Nações Unidas para o Meio Ambiente
RSC	Responsabilidade Social Corporativa
SSET	Sustainable Sport and Event Toolkit
TAE	Tribunal Arbitral do Esporte
TBL	Triple Bottom Line
TWI	Trans World Internacional
UNOSDP	Agência das Nações Unidas para Esportes, Desenvolvimento e Paz
YOG	Youth Olympic Games

Glossário de Conceitos

Ação social econômica. Movida por interesses materiais dirigidos à utilidade e também pelo comportamento dos outros motivados por interesse, tradição e emoções (WEBER, 1978).

Ação social do tipo tradicional. Movida pelo hábito (sentido tradição).

Agenda 21. Documento firmado na Conferência das Nações Unidas sobre Meio Ambiente e Desenvolvimento, ou Rio-92. Com 40 capítulos para traçar um plano de ação para implementação do desenvolvimento sustentável a ser adaptado em qualquer nível de governo, comunidade ou organização.

Ativos específicos. Aqueles que, por sua especificidade, não atendem ao que é normalmente encontrado em mercados de compra e venda; requerem uma estrutura de governança que fomente a manutenção do contrato (WILLIAMSON, 1996).

Corrupção. Nos governos, começa sempre pela erosão dos princípios. Na aristocracia, acontece quando o poder dos nobres se torna arbitrário e quando eles se tornam uma oligarquia alimentada pela hereditariedade; ambas as práticas provocam a erosão da moderação. A corrupção não coexistiria com a honra (MONTESQUIEU, 1748).

Convenção. Ordem em que os desvios do comportamento esperado são vistos com desaprovação, desempenhando um papel importante no conceito de ética econômica (WEBER, 1978).

Desenvolvimento sustentável. Desenvolvimento que procura satisfazer as necessidades do presente sem comprometer o aprazimento de necessidades das gerações futuras (BRUNDTLAND, 1987).

Dominação. A probabilidade de que uma ordem, com um teor específico, seja obedecida por um grupo de pessoas (WEBER, 1978).

- **dominação carismática:** influencia o indivíduo internamente, torna-se obedecida por seguidores ou discípulos. O carisma conflita com a ideia de lucro e vive de fontes "alternativas". A acomodação do conflito (carisma × lucro) leva o movimento carismático ao patrimonialismo ou feudalismo;

- **dominação feudal:** categoria única com origem tanto no patrimonialismo, quanto no carisma. É fundamental a relação legal-social entre o senhor e seu vassalo, os quais, quando ligados por um contrato, prometem conceder o direito à terra (o primeiro) e comprometer-se com lealdade e com prestação de serviços (o segundo). Esse contrato não é um contrato comercial comum, contém sentimentos de honra e *status* característicos do feudalismo. A administração é controlada pelos vassalos, o que gera uma instabilidade crônica nessa relação.

Face empreendedora. Uma das formas institucionais com a qual o COI se apresenta à sociedade. Nesse caso, é a face que negocia os jogos e que se faz presente no mundo dos negócios (PREUSS, 2002).

Face humanitária. Uma das formas institucionais com a qual o COI se apresenta à sociedade. Nesse caso, é a face que se relaciona com as instituições supranacionais e globais as quais conduzem programas voltados ao desenvolvimento sustentável (CHAPPELET, 2008).

Face multiplicadora. Uma das formas institucionais com a qual o COI se apresenta à sociedade. Nesse caso, é a face que se relaciona e que coordena o movimento olímpico (FLORES, 2012).

Firma. Relação orgânica entre agentes que se realiza por meio de contratos, sejam explícitos, como os contratos de trabalho, ou implícitos, como uma parceria informal (COASE, 1937).

Global Report Initiative (GRI). Fornecedora para todas as empresas e organizações de uma estrutura abrangente de relatórios de sustentabilidade, que é amplamente utilizada em todo o mundo.

Honra. Princípio da Monarquia; seria de sua natureza exigir preferências e distinções. A honra move todas as partes do corpo político e une-as pela própria ação; esse movimento, impulsionado pela honra, desloca as partes em direção ao bem comum que as une. Honra é maior que os interesses particulares das partes, e elas irão ao encontro do bem público mesmo ao caminhar em direção aos próprios interesses (MONTESQUIEU, 1748).

- **Honra.** Montesquieu (1748) e Weber (1978) encontram-se no conceito de honra. É o motor da Monarquia, para o primeiro, e, para o segundo, um sentimento característico do capitalismo feudal. Ambos abordam a lealdade como um instrumento que garantiria o equilíbrio entre as forças políticas no feudalismo (Weber) e na Monarquia (Montesquieu).

Incerteza. Efeito não previsível, não passível de ter uma função de probabilidade conhecida (WILLIAMSON, 1996).

Influência. Modo de persuasão, ou, ainda, a forma de obter resultado por meio de uma interação (PARSONS, 1963).

Instituições. Regras do jogo da sociedade (NORTH, 1990).

Inventário de emissões de gases de efeito estufa (GEE)[1]. Relatório que comunica o diagnóstico de emissões, o plano de ação para redução de emissões e o monitoramento do plano.

---

[1] O objetivo da Convenção do Clima é conseguir a estabilização das concentrações de gases de efeito estufa (GEE) na atmosfera a um nível que evite uma perigosa interferência antropogênica no sistema climático. A publicação do Relatório ou do Inventário de Emissões de GEE é feito por países e empresas.

Legitimidade. Requer que a observância externa seja explicada, fazendo referência a um ato interno do observante, o qual obedece à norma porque assume o conteúdo do comando como máxima do próprio comportamento (BOBBIO, 2000).

Limitações institucionais. (1) regras formais ou explícitas – Constituição, legislação, direitos de propriedade; (2) informais ou implícitas – convenções sociais ou normas (NORTH, 1990).

Moderação. Virtude menor da Aristocracia (em relação à República) que limita as ações dos nobres, garantindo a correlação de forças, tornando-os iguais entre si, garantindo, assim, sua longevidade (MONTESQUIEU, 1748).

Mudança institucional. Tanto pode ser consequência da alteração de limitações formais, as quais estão sujeitas à decisão do legislador, como das limitações informais, as quais são limitações culturais, muito mais impenetráveis, em razão de seu enraizamento na sociedade (NORTH, 1990).

Nobreza. Poder subordinado à Monarquia que não existiria sem ela (MONTESQUIEU, 1748).

ONG. Não fornece bens ou serviços: seu produto é um ser humano modificado já que é agente de mudança humana. ONGs podem ser instituições ou organizações, mas uma firma não pode ser uma ONG, pois ela não visa a lucro (DRUCKER, 1990).

- **Gestão da ONG:** criar identidade e atingir objetivos de sua missão os quais as distinguem das empresas e do governo; desenvolver estratégias necessárias voltadas para a entrega de valores à sociedade; obter recursos necessários à realização de suas tarefas ("desenvolvimento de fundos"[2]).

- **Transparência das ONGs:** prestação de contas à sociedade é vital para alimentar o ciclo virtuoso do "desenvolvimento de fundos". Entretanto a transparência nem sempre acontece, pois essas instituições são propensas a olhar para dentro de si mesmas.

---

[2] Do inglês, fundraising e fund development.

Organização política. Uma organização política dirigente (do conceito de dominação) que regulamenta não apenas a economia, como também as interações das pessoas num determinado território (WEBER, 1978).

Oportunismo. Busca do autointeresse com avidez (WILLIAMSON, 1996).

Path dependence. Conjunto de decisões do presente o qual é limitado pelas influências das decisões passadas, mesmo quando não são consideradas (DAVID, 1985).

Poder. Ideia que está relacionada com a de dominação. Luta, concorrência e seleção são tipos de relação de poder (WEBER, 1978).

Política. Luta por uma parte do poder ou por influência na distribuição de poder (WEBER, 1978).

Relações comunais e associativas. Sentimento de fazer parte de um mesmo conjunto; base de acordo racional que envolve interesses (WEBER, 1978).

Racionalidade formal. Uso do dinheiro em que o cálculo é possível.

Responsabilidade Social Corporativa (RSC). Abraça os aspectos econômicos, éticos (além da legislação) e filantrópicos os quais são definidos pelas normas sociais e expectativas da sociedade (CAROLL, 1979).

- Vai ao encontro da definição de Convenção de Weber (1978) e do conceito de limitações institucionais de North (1990), ou seja, normas e convenções informais sem base jurídica. Para Drucker (1984), RSC e lucro são compatíveis, e a empresa deveria converter RSC em oportunidade.

Stakeholders. Grupos que podem afetar ou são afetados pelo resultado atingido pelos objetivos da organização (FREEMAN, 2010).

Sustentabilidade. Voltada para a construção de *Eco-Advantages*: (1) o potencial de gerar benefícios no topo da cadeia produtiva por meio da inovação; (2) a gestão da redução de custos e riscos; (3) o valor agregado e gerado pela bandeira ambiental. Destaque-se a ideia de que para as empresas, os elementos tradicionais que compunham as vantagens comparativas tornaram-se commodities e, assim, tornar-se verde seria vital para que as organizações pudessem trilhar a trajetória da inovação, criar valores corporativos duradouros e construir um novo patamar de vantagens comparativas (ESTY, 2009).

Sustentabilidade. Implica a construção de iniciativas em uma esfera que se encontra além da de melhorias incrementais associadas à prevenção de poluição e ao manejo de produtos (ecoeficiência). Caso a organização permaneça incapaz de mover-se em direção a esse novo patamar (ecoeficácia), ela perpetuará a estrutura da "revolução verde" em que buscará melhorias contínuas em vez de inovação. A empresa sustentável necessita estabelecer uma nova lógica de funcionamento, baseada em *native capability*: uma nova competência que implica visão global do sistema e que carece de rupturas e não de melhorias contínuas (HART, 2006).

- Baseada no Triple Bottom Line (TBL) dos 3 Ps (profit, planet, people), é uma agenda corporativa guiada não somente no valor econômico agregado pela empresa à sociedade, seu benefício social, mas também nos valores ambientais e sociais que a empresa agrega ou retira da sociedade (ELKINGTON, 1997).

Transatividade radical. Ambiente em que a economia tradicional (excluída do consumo pela renda) torna-se consumidora (HART, 2006).

Voluntarismo. A organização irá, por livre vontade, procurar satisfazer as demandas de seus stakeholders; é considerada uma falha a situação em que essas demandas são satisfeitas em ato de conformidade com as decisões impostas pelo Judiciário (FREEMAN, 2010).

Introdução

Este livro tem o objetivo de suprir a ausência de publicações em português sobre a governança do esporte, o impacto dos megaeventos nas cidades e o legado de sustentabilidade. Iniciamos a discussão a partir da governança e da sustentabilidade pois, sob a pressão de produzir sempre a sua melhor edição dos Jogos Olímpicos (*The Best Games Ever*), as municipalidades aceleram obras e contornam obstáculos políticos promovendo uma transformação na cidade cujos impactos são ditados pelo volume de investimentos em obras de infraestrutura.

No mundo, essas transformações – urbanas, sociais, ambientais e econômicas – obrigaram as cidades-sede a apoiar as universidades visando a geração do conhecimento, a investigação e o monitoramento dos impactos decorrentes dos megaeventos. A execução de tais tarefas deu-se através da criação de centros de pesquisa; centros estes que ao serem hospedados nas universidades locais, acumularam o conhecimento que os tornaram pilares da política nacional de esportes e da sua disseminação no âmbito nacional e internacional.

No que concerne ao Movimento Olímpico, a sua relação com a Academia tem origem na celebração do congresso de fundação do Comitê Olímpico Internacional na Universidade de Sorbonne, Paris, em 1894[3]. Entretanto a pesquisa sobre

---

[3] Peña et al (2012) An Olympic Mosaic: Multidisciplinary Research and Dissemination of Olympic Studies. CEO-UAB: 20 Years. Barcelona

megaeventos é recente pois, somente em 1989, o estudo dos Jogos retoma força com a edição dos Jogos de Barcelona e a concomitante criação do Centro de Estudos Olímpicos na Universidade Autônoma de Barcelona (CEO-UAB) o qual por sua vez espelhou-se em outras pequenas chamas do conhecimento mantidas acesas no Canadá, na Alemanha e no Reino Unido. Esses países-sede não só aprenderam que a criação de centros de estudo funciona com o pilar de monitoramento do megaevento, mas também, e sobretudo, aprenderam que esses centros são responsáveis pela incorporação do conhecimento adquirido nos currículos de formação e educação do corpo discente e docente. Como consequência direta, essa população de alunos e profissionais instruídos na matéria megaeventos passou a circular na cena global exportando serviços de consultoria e gerando divisas para seus países. Desta forma, assim como o Brasil hoje importa consultores alemães, canadenses, ingleses e espanhóis, espera-se que amanhã nossos alunos e profissionais estejam aptos fazer o mesmo em outros países-sede.

Atualmente a rede de pesquisa sobre megaeventos totaliza 28 experiências que emulam a partir de Barcelona prioritariamente para a Europa. Destacam-se na literatura sobre geração de conhecimento sobre megaeventos os seguintes centros: o Centro Australiano de Estudos Olímpicos de Sydney; o centro de pesquisa do Observatório de Turim, na Itália; o Centro de Estudos Humanísticos e Olímpicos, em Pequim; o Centro de Estudos Olímpicos e Pesquisa na Universidade de Loughborough, na Inglaterra; e o Centro de Pesquisa para Esporte e Sustentabilidade da Universidade British Columbia, em Vancouver. Note-se também que essas iniciativas não se restrigem a cidades olímpicas, alguns países como a Holanda iniciaram seus centros de pesquisa a partir da candidatura da cidade, incorporando ao trabalho o esforço de conquista ao direito de sediar a edição dos Jogos 2028.

Os modelos internacionais têm em comum o fato de operarem de forma multidisciplinar e iniciarem suas atividades com o aporte de recursos públicos, parcial ou totalmente. No caso italiano, a iniciativa foi liderada por um grupo de professores da Universidade e do Politécnico de Turim, composto pelas áreas de Urbanismo, Economia, Sociologia e Estudos Políticos. O grupo criou o centro interdepartamental da Universidade de Turim, com o nome "Centro de Pesquisa sobre os Jogos Olímpicos e grandes eventos – HOMER: Jogos Olímpicos e Megaeventos Pesquisa e Observatório". A tarefa foi conduzir a investigação sobre o impacto econômico, social, cultural e territorial dos Jogos 2006. A pesquisa abrangeu tanto o processo de preparação das instalações olímpicas quanto o legado olímpico.

No exemplo holandês, em 2002, pesquisadores holandeses interessados no esporte juntaram forças para criar o Instituto Mulier, Centro de Investigação em Desporto na Sociedade. A missão do instituto é estimular a coordenação, o alinhamento e a cooperação das políticas de pesquisa científica voltadas para o estudo do Esporte. As três principais tarefas do instituto são: (1) acompanhar a evolução no esporte; (2) investigar as políticas vigentes para o tema; e (3) disseminar o conhecimento sobre esportes para a sociedade. O Instituto Mulier é uma fundação privada sem fins lucrativos; seu conselho é composto por cientistas das Universidades de Amsterdã e Groningen e Tilburg, entre outros.

No Canadá, em Vancouver, o centro foi criado dentro da Universidade de British Columbia (UBC) voltado ao tema esporte e sustentabilidade visando integrar formação e educação às atividades de pesquisa. As linhas centrais de pesquisa são Economia e Infraestrutura; Desenvolvimento Social e Saúde. O centro também fornece bolsas para professores visitantes, para estudantes de graduação e, ainda, oferece um programa para o fomento voltado para a inovação e para o desenvolvimento de incubadoras.

Por fim, o caso espanhol: Barcelona é sem dúvida aquele centro de maior prestígio no meio olímpico. O CEO-UAB foi formado na Universidade Autonoma de Barcelona com o apoio do Barcelona City Council, Conselho Provincial de Barcelona e do Comitê Olímpico Espanhol. Além disso, o Governo da Catalunha juntou-se ao conselho em 2002, representado pela Secretaria de Esporte. Durante todos esses anos, o CEO-UAB, com apoio institucional, empreendeu um trabalho de pesquisa intensiva nacional e internacional. O centro oferece programas de mestrado, com várias linhas de pesquisa.

No Brasil, aberta a janela de oportunidade com a chegada dos megaeventos, há necessidade de dar à pesquisa no esporte um enfoque multidisciplinar, ampliando-a de forma a atender também às interseções do conhecimento produzidas pelos megaeventos. Na Sociologia, Arquitetura, Economia e nas Ciências Ambientais novas linhas de pesquisa deverão ser definidas; há também necessidade de desenhar políticas de apoio ao intercâmbio internacional e, prioritariamente, políticas que visem o fomento da inovação no esporte através do uso de tecnologias da informação. A Universidade Federal do Rio Grande do Sul (UFRGS), opera um Centro de Pesquisa na Escola de Educação Física que desde 2006 dedica-se ao estudo do Esporte. Sendo a única unidade de pesquisa brasileira que estuda aspectos do mundo olímpico, esse centro aborda temas como a Ética no Esporte e oferece um Programa de Pós-Graduação em Ciências do Movimento Humano. Na UNIRIO, há o EsporteTEC, um programa de pesquisa pós-doutoral hospedado dentro do Departamento de Informática Aplicada, que desenvolve uma plataforma tecnológica, um site, que visa divulgar a inovação para o esporte.

Por fim, passamos agora aos capítulos que se seguem nas próximas páginas. Esperamos que o conhecimento gerado por esse grupo de pesquisadores possa contribuir para a discussão nacional sobre a sustentabilidade e a governança dos megaeventos. Outros livros sobre o tema serão lançados ao longo dos próximos cinco anos e gostaríamos de abrir esse espaço para receber a contribuição de pesquisadores que queiram no futuro ver seus trabalhos publicados. Para entrar em contato: esporte_tec@googlegroups.com e maureenfloresv@gmail.com.

Boa leitura!

Maureen Flores, PhD
Pesquisadora Pós-Doutoral no Programa de Pós-Graduação
em Informática da UNIRIO
CV Lattes: http://lattes.cnpq.br/3443102750113329

Sumário

Os Autores vii
Abreviaturas ix
Glossário de Conceitos xi
Introdução xvii

PARTE I SUSTENTABILIDADE

CAPÍTULO 1
O Contexto Propositivo da Sustentabilidade 3
Maureen Flores

PARTE II GOVERNANÇA E A SUSTENTABILIDADE

CAPÍTULO 2
Conhecendo o Comitê Olímpico Internacional 25
Maureen Flores

CAPÍTULO 3
O COI, o Desenvolvimento Sustentável e a Sustentabilidade 49
Maureen Flores

ANEXO
Breve Histórico sobre a Chegada do Tema Meio Ambiente nas Sessões do COI 79

CAPÍTULO 4
Participação da Sociedade para a Sustentabilidade dos Grandes Eventos Esportivos: O Papel dos Conselhos Municipais de Turismo 85
    Joaquim Rubens Fontes Filho
    Thays Venturim Guimarães

PARTE III MEGAEVENTOS

CAPÍTULO 5
O Impacto Social do Legado Olímpico 111
    Vittorio Lo Bianco

CAPÍTULO 6
Gestão do Conhecimento como Elemento de Otimização e Suporte do Processo de Gestão de Legados de Megaeventos Esportivos 137
    Bernardo Villano

CAPÍTULO 7
Qual o Legado dos Megaeventos? 177
    Luiz Martins de Melo

PARTE I

Sustentabilidade

CAPÍTULO **1**

O Contexto Propositivo da Sustentabilidade

Maureen Flores

Introdução

O capítulo que abre este livro encerra uma premissa não revelada: a de que responsabilidade social, meio ambiente, sustentabilidade, desenvolvimento sustentável e, mesmo, transparência são partes de um "todo", ainda sem nome e do qual só conhecemos poucas partes. Mintzberg (2000), em *Safári da estratégia*, inicia o livro com uma parábola indiana que exemplifica bem essa premissa. O autor faz referência a um grupo de cegos que, reunido em torno de um elefante, atende ao pedido de definir o que seria um elefante a partir da experiência tátil; ao final, para cada cego, o elefante, toma diferentes formas, como a de um rabo, de uma orelha, de uma parede e assim por diante. Essa é a ideia central deste capítulo: há um elefante a ser revelado, mas, hoje, só conhecemos partes dele. Tal premissa está sugerida nas entrelinhas da cronologia que marca a chegada de cada uma dessas novas "agendas" na sociedade e nos setores públicos e privados.

Na política, os governos impulsionados pela globalização disseminam novas agendas em velocidade diferente, sendo o discurso mais rápido que a prática; nas empresas, as novas agendas pressionam executivos que se percebem carentes de rotinas que incorporem o avolumar de temas que nem sempre estão "diretamente relacionados" com seu produto final. Esse é o momento presente, no qual organizações supranacionais, governos, clientes, fornecedores e concorrência desafiam diariamente as empresas a responderem às agendas políticas (sociais, econômicas e ambientais), as quais, mesmo não integrando "interesse primeiro" da corporação, tornam-se componentes da sua imagem e, consequentemente, do seu resultado que é impactado pela imagem negativa. Uma situação injusta, alguns dirão, pois ao afirmar que os investimentos em "novas agendas" podem, acima de tudo, evitar prejuízos e não gerar lucros, estaríamos condenando as empresas à eterna hipocrisia. Entretanto, a verdade é que não há mais espaço para discussões dessa natureza, que já envelheceram, mas não sua pauta.

As empresas, cada vez mais fortalecidas no ventre do capitalismo internacional, condutoras da globalização, incorporam essas novas agendas e devolvem para seus demandantes novas proposições mais palatáveis aos seus interesses. Essa resposta dada pelas corporações que devolve outros questionamentos aos representantes das agendas produz o jogo de forças que dita a cadência com a qual esses novos temas evoluem.

Sob o olhar histórico, objeto deste capítulo, infere-se que, apesar de as empresas aprenderem rapidamente as lições ensinadas pelas Cortes e pelas Bolsas de Valores (embora não sejam o melhor caminho), no presente, muitas empresas simplesmente não sabem como responder, com a presteza desejada por todos, a tantos temas que, por sua natureza distinta, são ejetos de diferentes áreas do conhecimento como Direito, Economia, Ciências Ambientais e Engenharias.

Ao reler um século de história, depreende-se que houve o momento primeiro da criação da jurisprudência, uma Decisão que embasou várias outras Decisões sobre a responsabilidade da corporação, entretanto, ao longo dos anos, a sociedade mudou e novos temas ganharam o *status* na agenda política através da força popular, como nos EUA onde Rachel Carson lançou Primavera Silenciosa, e na Alemanha, onde o Partido Verde fincou a bandeira ambiental. Os temas sociais, catapultados pelo fim das colônias e das várias guerras, conquistaram seu espaço no século XX. A agenda econômica nunca deixou de se fazer presente, mas foi a abordagem multidisciplinar que melhor permitiu o entendimento de tantas mudanças. Empresas, organizações supranacionais, sociedade civil, governos e Academia têm assento no Fórum dessas novas agendas, mas seus papéis alternam-se no protagonismo.

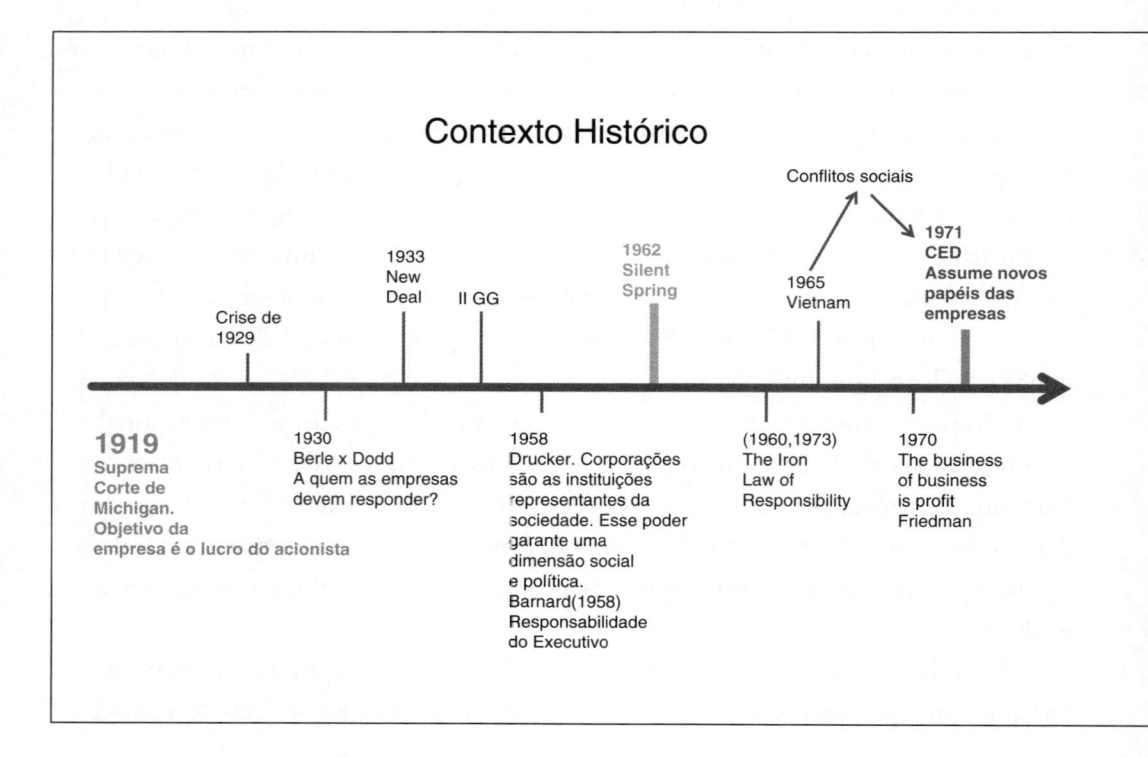

Contexto Histórico

- **1919** Suprema Corte de Michigan. Objetivo da empresa é o lucro do acionista
- **1930** Berle x Dodd — A quem as empresas devem responder?
- Crise de 1929
- **1933** New Deal
- II GG
- **1958** Drucker. Corporações são as instituições representantes da sociedade. Esse poder garante uma dimensão social e política. Barnard(1958) Responsabilidade do Executivo
- **1962** Silent Spring
- **(1960,1973)** The Iron Law of Responsibility
- **1965** Vietnam
- Conflitos sociais
- **1970** The business of business is profit — Friedman
- **1971** CED Assume novos papéis das empresas

Leitura Através do Tempo

No século XX, testemunha-se o início da discussão sobre responsabilidade social, meio ambiente, desenvolvimento sustentável e sustentabilidade. Pela revisão da literatura, mostra-se que esse movimento de transformação da sociedade se dá em dois planos: o micro – das organizações – e o macro – da ONU e de outras organizações multilaterais. O processo se inicia no microplano com a discussão sobre responsabilidade, hoje chamada Responsabilidade Social Corporativa (RSC), e, após a década de 1960, com as questões ambientais sob a liderança da ONU, os planos micro e macro caminham em paralelo até que a adoção da Convenção da Sustentabilidade torna ambos stakeholders de um único processo.

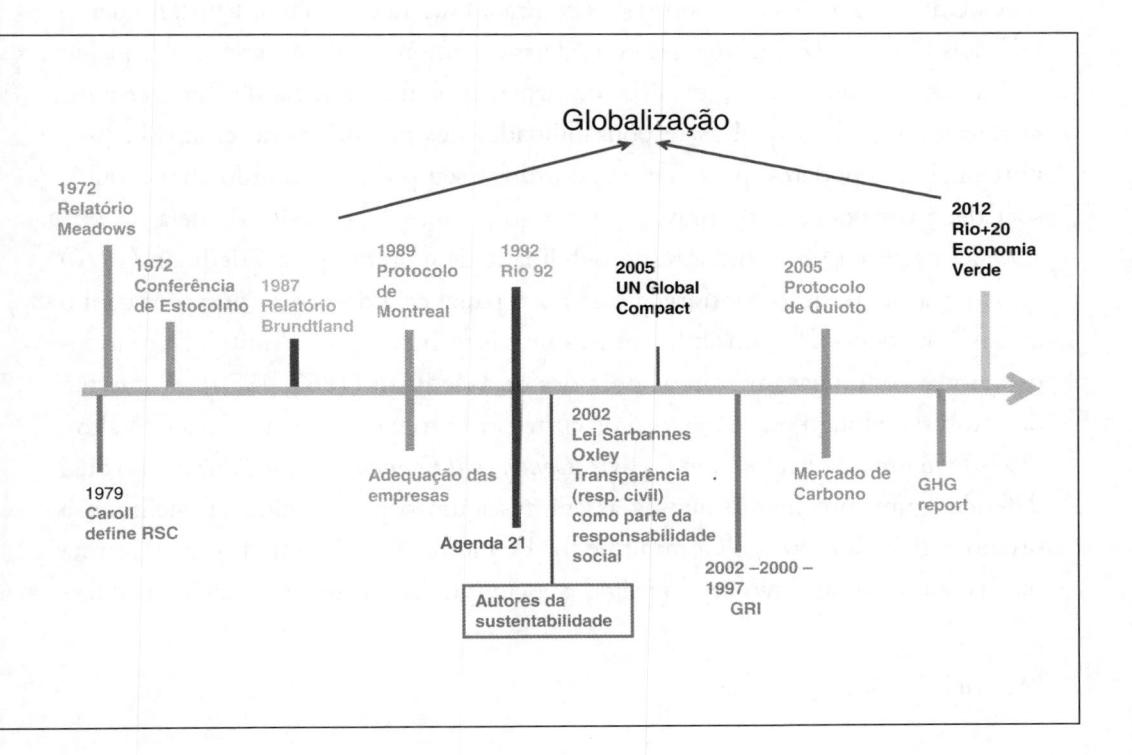

O primeiro registro sobre RSC data de 1919 quando da decisão da Suprema Corte de Michigan no Caso Dodge × Ford Motor sobre a prevalência do interesse do acionista na decisão empresarial sobre investimentos com retorno do curto e longo prazos (JOHNSON, 2011). Assim decidiu a Corte: (a) o objetivo de uma empresa seria o lucro dos acionistas; e (b) ela não interferiria nas decisões pertinentes à administração dos negócios. Na década de 1930, dois professores de Direito americano, Adolf Berle Jr. A. e E. Merrick Dodd Jr. (MACKINTOSH, 1999) debatem novamente sobre "responsabilidade", trazendo a público a questão sobre "a quem as empresas devem responder". Em primeiro lugar, as empresas seriam responsáveis por responder aos acionistas, para, em segundo, responder também à sociedade em que operam.

O debate permaneceu obscuro, esvanecido com as preocupações da grande depressão e das grandes guerras, renascendo em 1950 com a questão do crescente poder das corporações na sociedade e na política; nesse momento, Bowen (1953) destaca a responsabilidade social dos executivos. Na administração, Drucker (1958) marca os fundamentos modernos ao afirmar que as corporações são as instituições representantes da sociedade contemporânea e seu poder garante-lhes uma dimensão social e política. Para Drucker (1958), o gerente e/ou o diretor deveria(m) atuar com grande escopo de ações para garantir o papel sociopolítico da empresa. Barnard (1958) também trata das funções dos executivos.

As ideias do debate da década de 1930 e os ensinamentos de Drucker (1958) são resgatados na década de 1960, marcada por grandes conflitos sociais nos Estados Unidos, gerados pelos protestos contra a Guerra do Vietnã. Entra no debate Davis (1960, 1973) advogando que decisões empresariais deveriam ultrapassar os interesses econômicos e técnicos da firma, cunhando a ideia de *The Iron Law of Responsibility*[1], na qual as responsabilidades dos executivos deveriam ser proporcionais aos poderes, pois quem não utilizar seu poder de acordo com o que a sociedade considera "responsável", no longo prazo, irá perdê-lo. A ideia de *Iron Law* leva à discussão sobre a responsabilidade da empresa para Friedman (1970) que marca sua posição contrária a esse novo papel exigido das corporações com o artigo "The Social Responsibility of Business is to Increase its Profits". Nem todos os autores comungavam com as opiniões de Friedman (1962, 1970). A questão do retorno de longo prazo *versus* o de curto prazo toma força com Eells e Walton (1974) em uma terceira edição do livro *Conceptual Foundations for Business*, no qual defendem um movimento que dá às empresas um papel de apoiar e melhorar a ordem social. Em 1971, o Committee for Economic Development (CED) afirma que as companhias estão sendo exigidas a cumprir novos papéis e inclui as ques-

---

[1] A Lei de Ferro da Responsabilidade.

tões ambientais e sociais (como a pobreza) entre esses novos paradigmas; o CED publica *Social Responsibilities for Business Corporation*. Ainda nessa época, Johnson (1971) assume a multiplicidade de interesses que convergem na empresa e inclui outros atores, além dos acionistas, deixando a semente da Teoria dos Stakeholders que nasce na década de 1980.

Finalmente, na cena acadêmica, na década de 1970, a terminologia e as definições para o que hoje se configurou chamar de RSC eram diversas e confusas. Caroll (1979) sugere definições e classificações para o conceito, diferenciando o significado de expressões como "responsabilidade social, resposta social (Corporate Social Responsiveness)" e definindo RSC como o que abraça os aspectos econômicos, éticos (além da legislação) e filantrópicos que são definidos pelas normas sociais e expectativas da sociedade (Caroll 1979). Interessante notar que a definição de RSC vai ao encontro da definição de convenção de Weber (1978) e do conceito de limitações institucionais de North (1990), ou seja, normas e convenções informais sem base jurídica.

A discussão da RSC continua com os autores esgrimindo suas ideias, contra e a favor, sobre as novas responsabilidades, a natureza do capitalismo, a responsabilidade dos executivos e o papel das empresas perante a sociedade. Na década de 1980, registram-se dois grandes nomes nessa discussão: Drucker (1984) e Freeman (2010). Drucker vai além dos autores da época, afirmando que RSC e lucro são compatíveis e que a empresa deveria converter RSC em oportunidade. Freeman (2010) torna expoente a Teoria dos Stakeholders trazendo para a literatura processos para identificação de stakeholders e de sua influência no presente e no futuro; define também os stakeholders como "grupos que podem afetar ou são afetados pelo resultado atingido pelos objetivos da organização".[2]

No campo das finanças, nos Estados Unidos, a falência da empresa Enron, em 2001, e as acusações de corrupção geraram, em 2002, a Lei Sarbanes-Oxley que reforça o conceito RSC com foco na transparência, na responsabilidade civil (*liability*) e na governança corporativa.

A RSC toma definitivamente seu lugar no macroplano em 2000, na Conferência de Lisboa, quando 15 países da Comunidade Europeia desenvolvem uma estratégia conjunta para reforçar a coesão social; em 2001, a Comissão Europeia lança o *Livro verde* para promover, na Europa, a responsabilidade social das empresas.[3]

---

[2] No original, *those groups who can affect or are affected by the achievement of an organization's purpose.*
[3] http://europa.eu/documentation/official-docs/green-papers/index_pt.htm#2001.

Quanto ao movimento ambiental, nos EUA, a publicação de *Silent Spring* por Carson (1962), denunciando a exterminação de pássaros como consequência da pulverização de substâncias químicas no ambiente, marca o início de uma nova era. Nesse momento, também no mundo, as questões ambientais tomam a agenda da sociedade e várias conferências sobre o tema são organizadas pela ONU.

Entre as principais conferências ambientais, a publicação do Relatório do Clube de Roma por Meadows (1972) e a realização da Conferência de Estocolmo, que produziu a Declaração do Meio Ambiente, fixam o início das políticas ambientais no âmbito do desenvolvimento (CARVALHO, 2009). De acordo com Haas (2002), essas conferências ambientais contribuíram para: (a) gerar uma mobilização social de larga escala[4]; (b) para educar/incutir a norma entre os múltiplos atores[5]; (c) converter gradualmente as normas vigentes em regras de North (1990); (d) inovar na abordagem multilateral na questão ambiental, demonstrando a interdependência do tema entre as nações; (e) produzir declarações e planos de ação para atividades subsequentes.

A Conferência de Estocolmo de 1972 deixou a semente para a negociação de tratados internacionais, como o Protocolo de Montreal, que passa a vigorar em 1989, objetivando a eliminação da produção e do uso de gases que comprometessem a integridade da camada de ozônio, e o Protocolo de Quioto, que entra em vigor em 2005, visando à redução de emissões de gases de efeito estufa. O Protocolo de Montreal aproximou definitivamente os planos macro e micro na discussão ambiental e é tido como o grande caso de sucesso entre os Acordos Multilaterais Ambientais (MEA) em razão do sucesso de sua conformidade entre as indústrias.

Nas décadas de 1980 e 1990, a ideia de desenvolvimento sustentável se soma à questão ambiental. No início, o desenvolvimento sustentável envolveria a construção de um mundo melhor por meio dos pilares: sociedade e ambiente; posteriormente, é adicionado o pilar economia. O conceito de desenvolvimento sustentável tem sua definição formal no "Relatório Brundtland", publicado em 1987, pela Comissão Mundial para o Ambiente e Desenvolvimento Sustentável que assim o

---

[4] Haas (2002, p. 75).
[5] Haas (2002, p. 74) refere-se ao método do construtivismo utilizado pela Escola das Relações Internacionais.

define: "o desenvolvimento que procura satisfazer as necessidades do presente sem comprometer a satisfação das necessidades das gerações futuras".

A Conferência Rio-92 é marcada pela adoção da Agenda 21 para o Desenvolvimento. De acordo com Haas (2002, p. 75), a Agenda 21 foi organizada de forma a espelhar uma matriz de problemas e para facilitar o entendimento das interfaces entre as atividades humanas e o ambiente. Segue-se a Conferência de Copenhague, em 1995, validando os três pilares do desenvolvimento sustentável (sociedade, ambiente e economia); em 1997, firma-se o Tratado de Amsterdã em que a Comunidade Europeia formaliza o compromisso de adotar a política de desenvolvimento sustentável para seu território; também em 1997, a Conferência de Quioto, com a assinatura do Protocolo com o mesmo nome, reforça entre os países industrializados a necessidade de reduzir as emissões de gases com efeito de estufa em pelo menos 5% em relação aos valores de 1990; em 2002, na África do Sul, realiza-se a Conferência Rio+10, em que se define um plano de ação que destaca, entre outros pontos, o combate à pobreza e a importância da gestão dos recursos naturais. Em 2012, a Rio+20 destaca-se pelo fomento à implantação da economia verde.

O conceito de desenvolvimento sustentável leva às empresas a ideia de sustentabilidade, que se soma a outras questões voltadas para a responsabilidade social e o meio ambiente. Nessa esfera, autores, como Elkington (1997, 2001), Hart (1997, 2006) e Esty (2006), que serão apresentados mais à frente neste texto, lideram as principais discussões. Instrumentos de monitoramento tornam-se importantes ferramentas de comunicação, entre esses: Global Report Initiative (GRI)[6] e o Inventário de Emissões de Gases de Efeito Estufa (GEE)[7].

Finalmente, os séculos XX e XXI permitiram à sociedade testemunhar o nascimento da Convenção da Sustentabilidade que emerge, no macroplano, no caule das questões ambientais lideradas pela ONU e outros organismos internacionais

---

[6] Global Reporting Initiative (GRI) é uma organização sem fins lucrativos que promove a Sustentabilidade econômica, ambiental e social. GRI fornece para todas as empresas e organizações uma estrutura abrangente de relatórios de Sustentabilidade, que é amplamente utilizado em todo o mundo. Fonte: https://www.globalreporting.org/Information/about-gri/Pages/default.aspx

[7] O objetivo da Convenção do Clima é conseguir a estabilização das concentrações de gases de efeito estufa (GEE) na atmosfera a um nível que evite uma perigosa interferência antropogênica no sistema climático. A publicação do Relatório ou do Inventário de Emissões de GEE é feito por países e empresas.

multilaterais, até o desaguar do tema nas empresas, o microplano, no qual as organizações consolidavam as questões sobre a RSC já reconhecidas pelas lideranças globais. Hoje, a negociação entre os planos – macro e micro – apresenta uma articulação de interesses que pode ser explicada da seguinte forma: no macroplano, necessita-se que as políticas propostas para o desenvolvimento sustentável sejam materializadas no microplano, visando a mais pronta adoção, e, assim sendo, os representantes deste plano macro influenciam de diversas formas os agentes de mudança representados por organizações, movimentos sociais, academia e a política pública em geral. Por outro lado, como resposta, governos, organizações, academia e movimentos sociais e representantes do microplano influenciam as políticas do macroplano, advogando seus próprios interesses, reforçando a sua aversão ao risco e a sua imagem positiva junto sociedade.

Sobre a sustentabilidade e seus pilares, as principais leituras são oferecidas por Elkington (1997, 2001), Hart (1997, 2006) e Esty (2009).

Esty (2009) afirma a importância de construir-se *Eco-Advantages* que, para serem atingidas, prescindem da inclusão das questões ambientais na estratégia corporativa. O autor lista entre as principais justificativas para *Eco-Advantages*: (1) o potencial de gerar benefícios no topo da cadeia produtiva por meio da inovação; (2) a gestão da redução de custos e riscos; (3) o valor agregado gerado pela bandeira ambiental. Destaca-se, no trabalho de Esty (2009), a ideia de que, para as empresas, os elementos tradicionais que compunham as vantagens comparativas tornaram-se commodities e, assim, tornar-se verde seria vital para que as organizações pudessem trilhar a trajetória da inovação, criar valores corporativos duradouros e construir um novo patamar de vantagens comparativas.

Quanto a esse aspecto, observa-se, em Esty (2009), que a política de sustentabilidade – representação de *Eco-Advantage* – pode ser entendida como uma capacidade dinâmica da organização, conceito apresentado por Teece (2007) como uma metacompetência que transcende a competência operacional da empresa. Entretanto o desenvolvimento de *Eco-Advantages* antecede a competência empresarial; pois, afirma Esty (2009), é a pressão externa das partes interessadas que faz a organização abraçar políticas de sustentabilidade.

Ainda sobre as partes interessadas que exerceriam a pressão que leva à mudança, definem-se cinco categorias: (1) reguladores e grupos ambientais; (2) formadores de opinião e cientistas; (3) fornecedores e competidores comerciais que operam no ambiente "negócio a negócio"; (4) consumidores e comunidade; (5) investidores e analistas de risco.

Para Esty (2009), o modelo das cinco forças de Porter (1979)[8], embora ainda muito importante para o mundo dos negócios, não contempla essa nova competição que se tornou mais feroz com a globalização. Assim, como a estratégia dos negócios é dinâmica, é imperativo, hoje, para a organização perguntar-se quem são as partes interessadas no negócio e como elas se relacionam com as questões ligadas ao meio ambiente e ao desenvolvimento sustentável.

Hart (1997) destaca a importância de enfrentamento das questões ambientais como parte da estratégia de uma organização, e não somente como redução de custo de produção ou processo de reengenharia, devendo a primeira favorecer uma economia global sustentável ante as demandas do planeta e a construção de novas oportunidades de crescimento. Hart (1997) defende que será por meio dessa "nova" visão estratégica que as empresas migrarão da condição de seguidoras da "revolução verde"[9] para sustentáveis. Nesse novo desenho, as empresas sustentáveis consideram o planeta o contexto de seus negócios, perguntando-se sobre seu papel no problema e na solução das questões ambientais e sociais, expandindo o foco de seu alcance para o exterior. Para Hart (1997, 2006), há três economias: a do mercado, representada pelo consumo afluente; a tradicional, excluída do consumo pela renda; a da natureza, que inclui os recursos ambientais renováveis ou não renováveis que suportam o mercado. Somente pela integração dessas três economias é que a sociedade será sustentável e, assim, será objetivo da "nova" visão estratégica moldar um novo padrão de relacionamento com clientes, fornecedores, órgãos reguladores e partes interessadas. Os empresários deverão ser capazes de mudar a preferência de seus clientes, gerando demanda por produtos e serviços mais sustentáveis, e também educadores e não somente comerciantes.

Hart (2006) avança seu trabalho para o conceito de transatividade radical – um ambiente sustentável em que a economia tradicional se torna consumidora. Esse seria o grande desafio da economia sustentável: incluir e competir com o não consumo. Toma-se emprestado do trabalho de Hart o conceito de *native capability*[10],

---

[8] As cinco forças de Porter (1979) são: (1) rivalidade entre os concorrentes; (2) poder de negociação dos clientes; (3) poder de negociação dos fornecedores; (4) ameaça de entrada de novos concorrentes; (5) ameaça de produtos substitutos.
[9] Revolução verde – expressão, criada em 1966, para denominar as inovações tecnológicas na agricultura que visavam à obtenção de maior produtividade por meio do desenvolvimento de pesquisas em sementes, fertilização do solo, utilização de agrotóxicos e mecanização no campo que aumentassem a produtividade.
[10] A expressão *native capability* não foi traduzida na versão em português do livro *Capitalismo na encruzilhada* como uma competência, e sim diretamente como "empresa nativa". Neste texto, fazemos essa diferença.

definido como uma competência empresarial cujo exercício tornaria a "empresa nativa", a qual, por sua vez, é definida como aquela que busca o diálogo com as partes interessadas estabelecidas na base da pirâmide social. Como no modelo vigente, essas partes não têm qualquer conexão com a organização; a *native capability* é um componente da sustentabilidade cuja função é impulsionar o diálogo.

Consolida-se, assim, a visão de que a sustentabilidade se constrói em uma esfera que se encontra além daquela das melhorias incrementais associadas à prevenção da poluição e ao manejo de produtos (ecoeficiência). Caso a organização seja incapaz de mover-se em direção a esse novo patamar (ecoeficácia), ela perpetuará sua estrutura da "revolução verde" em que buscará melhorias contínuas em vez de inovação. A empresa sustentável necessita estabelecer uma nova lógica de funcionamento, baseada em uma visão global do sistema que carece de rupturas e não de melhorias contínuas. Nesse contexto, Hart (2006) cita a "destruição criativa" de Schumpeter (1943):

> O problema geralmente visualizado é como o capitalismo administra as estruturas existentes, enquanto o problema relevante é como ele cria e destrói essas estruturas.

No que concerne à *native capability*, Hart (2006) busca, na abordagem Schumpeteriana, o valor da inovação, pois, ao propor o diálogo das empresas com as partes interessadas da base da pirâmide como forma de gerar conhecimento sobre os problemas e as possibilidades locais, assevera que a inovação é necessária para gerar o "entendimento de mão dupla", que tornaria a empresa nativa, e também para provocar outras inovações consequentes do processo de ruptura. Essa ideia condiz com a afirmação de Drucker (1990) para quem o conhecimento que levará a empresa ao sucesso estaria do lado de fora e não do de dentro, sendo, portanto, necessário desenvolver uma nova capacidade nativa para complementar outras competências já existentes, tais como: eficiência global, receptividade nacional e transferência de aprendizado. Em relação às organizações internacionais, Hart (2006), em sua visão, aponta que a melhor opção seria unir melhores práticas globais com conhecimentos locais recém-descobertos; quanto à transmissão desse conhecimento, o autor, em analogia às ondas de rádio, afirma que a transmissão se daria por meio da ampliação da faixa da "frequência corporativa".

No que concerne ao ambiente organizacional, há, no trabalho de Hart (2006), uma perspectiva Penrosiana da firma[11] na qual o momento atual define a coleção de recursos produtivos e a construção do futuro acontece quando da solução da divergência entre o conjunto de recursos do presente e outro necessário para a construção do futuro, sempre observando que, quanto maior a divergência entre presente e futuro, maior será a tensão criativa.

Em Elkington (1997, 2001), a economia da sustentabilidade baseia-se no Triple Bottom Line (TBL) – os três Ps (People, Planet, Profit) –, apoiada numa agenda corporativa que se fundamenta não somente no valor econômico agregado pela empresa à sociedade, seu benefício social, mas também nos valores ambientais e sociais que a empresa agrega ou retira da sociedade. Essa nova agenda impõe-se sobre alicerces voltados para competição, valores intangíveis, transparência, aplicação completa do conceito de ciclo de vida, construção de parcerias "simbióticas", adesão a resultados de longo prazo e governança corporativa inclusiva. Para o autor, a agenda TBL é o resultado de três grandes ondas ambientais que atingem a sociedade desde 1960: a primeira trouxe o entendimento da limitação da oferta de recursos naturais ante a previsão da demanda, fazendo com que as empresas iniciassem um movimento de conformidade em face de novas exigências legais; a segunda, uma visão de que o processo e os produtos deveriam ser mais sustentáveis, o que tornou as empresas mais competitivas; a terceira assumiu que o desenvolvimento sustentável requeria profundas mudanças na governança das corporações e no processo de globalização, reposicionando o foco na sociedade em busca da criação de novos mercados como instrumento de inclusão.

Para Elkington (1997), há quatro tipos de empresas ou cadeias de valor, que se distinguem na trajetória evolucionária que ele denomina de "economia da crisálida". Os tipos de empresa refletem comportamentos análogos ao do gafanhoto, da lagarta, da abelha e da borboleta dos quais apresentam as seguintes características: (1) gafanhotos adotam modelos de negócios que não são sustentáveis no longo prazo e seus impactos alcançam a esfera regional, às vezes global, desafiando os reguladores cujo poder se restringe ao local jurisdicional; (2) lagartas produzem impactos locais e seus modelos de negócios são insustentáveis se considerado um

---

[11] Visão Baseada em Recursos (VBR) de Edith Penrose: "Os serviços que produzem os recursos dependem da forma como são usados. Exatamente o mesmo recurso pode prover diferentes serviços dependendo da forma que seja usado ou combinado com diferentes tipos ou quantidades de outros recursos."

mercado inclusivo em que todos são consumidores: nesse caso, o desafio para os reguladores é facilitar ou mesmo criar condições apropriadas de mudança; (3) borboletas são empresas pequenas, consideradas modelos, mas que têm modelos de negócios que poderão tornar-se menos sustentáveis com o crescimento da companhia; (4) abelhas são empresas com modelos de negócios baseados na inovação constante, compromisso com a sustentabilidade e capacidade de reduzir os impactos de empresas lagartas na cadeia de suprimentos.

Na política pública, entre as implicações da economia da crisálida, ou seja, a necessidade de os reguladores caminharem além da abordagem tradicional da proteção ambiental, encontram-se: (a) a criação de novas tecnologias que deverão gerar impacto e ruptura; (b) as externalidades, causadas pelas rupturas a serem internalizadas; (c) a necessidade de incluir novas partes interessadas no processo de ruptura; (d) a premissa de que acontecimentos anteriores à inovação produzirão uma nova agenda de prioridades que se integrará aos processos e aos modelos de negócios; finalmente, (e) a criação de uma agenda fomentadora de novos modelos de negócios e tecnologias responsável por reiniciar a "roda de aprendizado" que reforça a alimentação positiva.

Freeman (2010) é trazido a esta pesquisa para explicar a gestão de stakeholders com base em uma teoria que visa a gerir mudanças de forma mais efetiva. Segundo Freeman (2010), o conceito de stakeholder nasce como resposta aos problemas ocasionados por questões impostas pela demanda da RSC[12] e, prioritariamente, da necessidade de atribuir menor ênfase à satisfação de proprietários (empresários ou acionistas), valorizando outros grupos, como comunidades, sociedade em geral e funcionários. No geral, o conceito destaca-se por abandonar a visão tradicional que considera um fluxo de relacionamento restrito ao circuito empresa/proprietário/fornecedor/cliente/funcionário, incluindo, na discussão, grupos não tradicionais à organização, inclusive aqueles que possam ser percebidos como adversários. O papel do stakeholder é ajudar a organização a desenvolver uma "nova configuração" que visa atender demandas externas. Eis a definição do conceito de stakeholder: "[...] *any group or individual who can affect or is affected by the achievement of the organization's objectives.*"[13] (FREEMAN, 2010, p. 46).

---

[12] De fato, o conceito de *stakeholder* abraça não só a RSC, mas também a Teoria de Sistemas, a Teoria Organizacional e o Planejamento: temas voltados à gestão estratégica (FREEMAN, 2010, p. 32).

[13] "[...] qualquer grupo ou indivíduo que pode afetar ou ser afetado pelos resultados atingidos pela organização".

Em outras palavras, a gestão de stakeholder é um ponto da gestão estratégica cuja função é prover uma nova direção para a organização, uma transformação que vem de fora e que precisa estar refletida internamente. Freeman (2010), como Ansoff (1965), legitima o ambiente externo e seus atores na gestão da empresa trazendo a construção de nova estratégia. Com suas ideias, Freeman (2010) ratifica Hart (2006) e Elkington (1997), enfatizando-os na busca de diálogo com partes interessadas não consideradas pelo modelo vigente, e também Esty (2009) ao afirmar o papel da pressão externa.

Freeman (2010) assevera que uma organização com capacidade para gerir seus stakeholders deverá considerar que seu relacionamento com esses atores acontece em três níveis, os quais ele classifica de racional (quem são os stakeholders e quais são seus papéis); organizacional (observa os processos organizacionais utilizados pela organização, implícitos ou explícitos, e a aderência deles ao mapa de stakeholders); negocial (entende o conjunto de barganhas entre stakeholders e observa se esse conjunto de transações se alinha com as normas da empresa).

Esses processos de relacionamento da organização com seus stakeholders (racional, organizacional e negocial) deverão contemplar as turbulências causadas pelas novas mudanças nos ambientes externo e interno. O autor define mudanças externas como aquelas causadas pela emergência de novos grupos, eventos ou questões as quais não podem ser imediatamente entendidas pelo modelo vigente e diferencia a mudança externa da interna afirmando que a segunda não requer alteração na "visão de mundo" da organização. Em outras palavras, as mudanças no ambiente interno ocorrem no âmbito das normas do sistema em curso; embora careçam de ação, não desafiam o modelo vigente. Já as mudanças externas geram incerteza, pois contemplam grupos não tradicionais à organização e afetam a habilidade de seguir suas normas internas; quando uma mudança externa é internalizada pela organização, torna-se necessário redesenhar a visão organizacional para alterar o fluxo de relacionamento com os stakeholders.

Segundo Freeman (2010), a organização terá baixa habilidade de gerir seus stakeholders se não houver leitura apropriada das mudanças internas e externas e acomodação delas na análise do relacionamento racional, organizacional e negocial. O autor afirma que, na raiz dessa baixa habilidade, reside a necessidade de encontrar novas ideias, práticas e processos antes que quaisquer decisões sejam tomadas; já que o processo de mudança deverá ser capaz de produzir um novo conjunto de procedimentos que facilitem e conduzam o impacto causado pelo novo papel dos grupos externos na organização. Vale lembrar que a falta de processo interno torna a demanda externa um problema interno e é fonte de descontentamento.

Com base nesse descontentamento da organização diante do seu desconhecimento de processos que possam acomodar novos atores e suas demandas, Freeman (2010) destaca a importância da prática do "voluntarismo"[14]. Utilizando a Teoria dos Jogos, aponta o voluntarismo como uma alternativa ao "dilema do prisioneiro" e afirma que a única saída para manter a excelência na gestão de stakeholders é abraçar a postura de negociação voluntária como um valor. Para ele, não há melhor alternativa do que negociar antes que qualquer imposição externa afete a organização obrigando-a a ser conforme. Freeman (2010) refere-se à imposição externa, no sentido das regras de North (1990), isto é, leis e processos legais que obriguem a organização a dobrar-se à conformidade. Nesse sentido, também Freeman (2010) oferece, por meio do voluntarismo, um instrumento para análise da capacidade de resposta das organizações à pressão externa de Esty (2009).

Ainda para o autor, a organização ante uma nova demanda, proposta por um stakeholder externo, teria a opção de "jogar duro" ou negociar. A primeira opção levaria à escalada do problema implicando risco da conformidade fazer-se presente com base em uma demanda legal, e, em assim sendo, a conformidade seria fruto de uma falha da organização. A segunda opção, negociar, evitaria o "dilema do stakeholder", pois libertaria a organização para ser livre para cooperar.

Conclusão

No contexto temático apresentado, o olhar histórico mostra que, ao longo do tempo, a sociedade, os governos, as corporações e os organismos supranacionais alternam o seu protagonismo no lançamento de novas agendas. Hoje, detectam-se dois grandes planos de atuação: o plano macro das organizações supranacionais e o plano micro das corporações. O primeiro plano, supranacional, sabe-se dependente do plano micro das corporações já que sem elas o desenvolvimento sustentável não será possível; no segundo plano as corporações condutoras da globalização posicionam-se para defender seus interesses. Essas são as forças cuja

---

[14] "[…] *Voluntarism means that an organization must on its own will undertake to satisfy its key stakeholders. A situation where a solution to a stakeholder problem is imposed by government or court is a failure* […]." (FREEMAN, 2010, p. 74)

resiliência retrata o interesse das partes. Entretanto, como os articuladores destes planos têm papéis e interesses diferentes na construção do desenvolvimento sustentável, qualquer análise mais apurada do papel de cada ator nessas agendas requer a investigação do interesse individual e do posicionamento de cada um deles nesses planos.

Relido o passado e observado o presente, pergunta-se sobre o futuro que se apresenta como um exercício de difícil elaboração. Por hora, sabe-se que o plano macro constrói seu discurso sobre novas demandas muito rapidamente e é mesmo capaz de promover algumas iniciativas com mais agilidade hoje do que no passado; já as empresas que não tinham tantas respostas internas (rotinas) para atender às novas demandas, hoje imprimem alguma velocidade na criação de novas rotinas. Sabe-se também que os recentes temas, liderados pelos organismos supranacionais, se avolumam e se diversificam continuamente, portanto, novas respostas serão necessárias. Para pensar sobre o futuro, retorna-se, então, à parábola do elefante, citada na introdução deste capítulo: alguns estudiosos diriam que o "elefante" é o desenvolvimento sustentável, uma proposta ainda em partes que decifraremos no porvir; outros aceitariam de forma satisfatória o atual conjunto de partes e fatos sem a necessidade de conjecturar sobre a existência de um possível "todo". No que concerne à sustentabilidade, não há evidência que afirme ou negue a existência de "um todo"; desta forma, crê-se que o futuro nos é devedor de melhores definições para o entendimento do presente.

Referências

ANSOFF, I. *Corporate Strategy: an Analytic Approach to Business Policy for Growth and Expansion*. New York: McGraw-Hill, 1965.

CARROLL A.B. A three-dimensional conceptual model of corporate social performance. *Academy of Management Review*, p. 497-505, 1979.

CARSON, R. *Silent Spring*. Boston: Houghton Mifflin Company, 1960.

DAVIS, K. Can business afford to ignore social responsibilities?. *California Management Review*, p. 70-76, 1960.

_____. The case for and against business assumption of social responsbilities. *Academy of Management Journal*, vol. 16, p. 312-322, 1973.

DORIGATTI, G. R. *La Responsabilità Sociale di Impresa*. Milano: SAF ACLI, 2004.

EELLS, R. *Conceptual Foundations of Business*. 3ª. ed. Irwin IL: BurrRidge, 1974.

ELKINGTON, J. *Cannibals with Forks: The Triple Bottom Line of 21st Century Business*. Oxford: Capstone Publishing, 1997.

_____. *The Chrysalis Economy: How Citizen CEOs and Corporations Can Fuse Values and Value Creation*. Oxford: Capstone Publishing, 2001.

ESTY, D. C.; WINSTON, A. *Green to Gold: How Smart Companies Use Environmental Strategy to Innovate, Create Value, and Build Competitive Advantage*. New Jersey: Wiley & Sons Inc., 2009.

FREEMAN, R. *Strategic Management*. New York: Cambridge Press, 2010.

FRIEDMAN, M. The Social Responsability of Business is to Increase its Profits. *New York Times Magazine*, 1970.

_____. *Capitalismo and Freedom*. Chicago: University of Chicago Press, 1962.

HARDJONO, T.; DE KLEIN, P. Introduction on the European Corporate Sustainability. *Journal of Business Ethics*, vol. 55, n. 2, p. 99-113, 2004.

HART, S. Beyond Greening: Strategies for a Sustainable World. *Harvard Business Review*, p. 65-76, jan.-fev. 1997.

_____. *Capitalism at the Crossroads: Next Generation Business Strategies for a Post-Crisis World.* New Jersey: Prentice Hall, 2006.

JOHNSON, H. L. *Business in Contemporary Society: Framework and Issues.* Belmont, CA: Wadsworth, 1971.

JOHNSON, L. *Law and History of Corporate Responsability.* Minnesota: CEBC History of Corporate Responsibility Project Working Paper n. 6, 2011.

KPMG. *KPMG International Survey of Corporate Responsibility Reporting.* Amsterdam, Holland: KPMG Sustainability Services, 2008.

MACINTOSH, J. C. *The issues, effects and consequences the Berle x Dodd debate, 1931-1932.* Accounting, Organizations and Society, p. 139-153, 1999.

MEADOWS, D. *Limits to Growth.* Mass.: MIT Press, 1972.

MINTZBERG, H. *Safári de estratégia.* São Paulo: Bookman, 2000

MULLERAT, R. *Corporate Social Responsability.* Hague: Kluwer Law International, 2005.

PORTER, M. Corporate Strategy: an Analytic Approach to Business Policy for Growth and Expansion. *Harvard Business Review*, p. 1-10, 1979.

_____. VAN DER LINDE, C. Green and Competitive: ending the stalemate. *Harvard Business Review*, vol. 73, n. 5, p. 120-134, 1995.

RAMON, M. *Corporate social responsibility: the corporate governance of the 21st century.* Holland: Kluwer Law International, 2011.

PARTE II

Governança e a Sustentabilidade

CAPÍTULO **2**

Conhecendo o Comitê Olímpico Internacional

Maureen Flores

Introdução

Argumenta-se, neste capítulo, que COI é, ao mesmo tempo, uma organização política (WEBER,1978), uma ONG (DRUCKER, 1990) e uma instituição (NORTH, 1990). O COI dispõe de uma estrutura complexa em que convivem, de forma sobreposta aos alicerces que formam sua dependência da trajetória (NORTH, 1990), três faces com as quais a instituição se apresenta à sociedade: a multiplicadora, a humanitária e a empreendedora. Na dependência da trajetória do COI, há componentes oriundos de sua natureza política (WEBER, 1978), construída sobre os princípios de honra (MONTESQUIEU, 1748; WEBER, 1978 – quando se refere à honra da dominação feudal e ao princípio da moderação de Montesquieu). Somam-se a esses princípios, as ideias de influência e de poder, conforme definidas por Parsons (1963) e Weber (1978), respectivamente, as quais, desde a fundação, são os pilares da estratégia de internacionalização do COI de acordo com Coubertin (1979). A face multiplicadora, a articuladora do MO, é constituída sobre a legitimidade como definida por Bobbio (2000); a face humanitária relaciona-se com agências e organismos multilaterais representados na pessoa jurídica de ONG e com objetivos definidos por Drucker (1990); e a face empreendedora, que mimetiza uma empresa, faz-se presente no mundo dos negócios como a franqueadora dos jogos os quais são negociados como ativos intangíveis e específicos (WILLIAMSON, 1996).

Para facilitar o entendimento sobre as três faces institucionais do COI, explica-se, a princípio, o nascimento de cada uma delas para, posteriormente, explanar os principais aspectos da gestão interna do Comitê. Dessa forma, assim se organizou o capítulo (Figura 2.1).

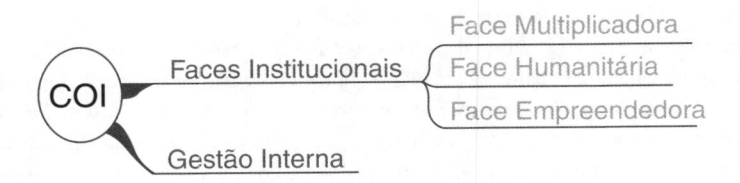

Figura 2.1 Estrutura analítica 2 – Apresentação do capítulo sobre o COI.
Fonte: Elaboração Própria. Flores, Maurreen (2012)

O Contexto Histórico e o Nascimento da Face Multiplicadora

O COI nasce no ambiente do surgimento do capitalismo, momento em que, conforme apresentado por Weber (1978), registram-se a dissolução das interdependências complexas que existiam entre o camponês e o senhor das terras e o crescimento do poder da burguesia, ameaçando o domínio dos nobres.

Em 1894, o COI surge como uma organização política para promover o renascimento das Olimpíadas, revivendo os jogos da Grécia Antiga, como uma ação social tradicional visando a fomentar o Olimpismo[1] que é uma escola de nobreza moral, pureza, vigor físico e energia[2]. Um grupo ultra-aristocrático, liderado pelo barão de Coubertin, funda o COI e se reúne em torno de relações comunais e associativas, embebidas por valores de honra (MONTESQUIEU, 1748; WEBER, 1978) e, ainda, da moderação (MONTESQUIEU, 1748).

A estratégia de influência e de poder nasce já na fundação. De acordo com Coubertin (1979), o grupo fundador define que, para ser membro do COI, o candidato deveria ser pessoa necessariamente influente (PARSONS, 1974), capaz de obter apoio nacional e suporte financeiro para as iniciativas e, ainda, conseguir custear as próprias despesas. Eis os primeiros membros eleitos: o secretário da Associação dos Esportes Amadores do Império, representando a Inglaterra e o Império Britânico; o próprio barão de Coubertin, representando a França e a Europa Continental e; W. M. Sloane da Universidade de Princeton, representando a "utilitária"[3] América do Norte que reunia na época, nas universidades, a elite do esporte nacional. Tornou-se necessária uma estratégia de poder para instrumentalizar os principais pilares estabelecidos para a condução das atividades do COI: independência, soberania e internacionalização. O primeiro – independência – prioritariamente concerne à liberdade de escolher seus membros; o segundo – soberania – garante o caráter das decisões; e o terceiro – internacionalização

---

[1] É uma filosofia de vida que utiliza o esporte como instrumento para a promoção de paz, união, respeito por regras, adversários, diferenças culturais, étnicas e religiosas. Sua base é formada pela combinação entre esporte, cultura e meio ambiente. O objetivo é contribuir para a construção de um mundo melhor, sem qualquer tipo de discriminação, encarando o esporte como um direito de todos. Tem como ideal a participação em massa, a educação, a integração cultural e a busca pela excelência por meio do esporte. Seus princípios são a amizade, a compreensão mútua, a igualdade, a solidariedade e o *fair-play* (jogo limpo). Esses valores devem ser aplicados para além do esporte, para o dia a dia, para a vida (Fonte: http://www.cob.org.br/movimento_olimpico/olimpismo.asp. Acesso em 20 de abril de 2012).
[2] COUBERTIN, 1979, p. 133.
[3] COUBERTIN, 1979, p. 41.

– visava à expansão no mundo que deixava de ser eurocêntrico e monárquico para tornar-se, cada vez mais, internacional e republicano.

Desenhou-se a composição político-administrativa do COI em três círculos concêntricos (*nucleous, nursery, façade*)[4] de fora para dentro: (1) o *nucleous* era um pequeno grupo de dedicados membros ativos; (2) a *nursery*[5], um conjunto de membros potenciais que pudessem ser "educados" visando à futura inserção institucional; (3) a *façade*, uma frente composta por pessoas com diferentes papéis na sociedade cuja presença deveria satisfazer as pretensões nacionais e, ao mesmo tempo, atribuir prestígio à instituição. Embora, somente em 1921, tenha sido formado um Comitê Executivo que buscava facilitar a futura transição a ser realizada com a aposentadoria do barão de Coubertin, há registros, em Coubertin (1979), de que a prática da formação de comitês tenha acontecido também para cuidar de outros temas externos aos jogos[6], em que se destaca o grupo formado para analisar os projetos de arte e arquitetura desenvolvidos no âmbito de concursos organizados para fomentar a aproximação de diversas áreas com o esporte. Em 1903, iniciou-se a negociação para estabelecimento da sede do COI na Suíça, país sem tradição esportiva, mas com consistente neutralidade política na cena internacional; em 1915, em plena Primeira Grande Guerra, instalou-se, oficialmente, a sede administrativa.

Algumas "políticas" do COI, de natureza institucional-organizacional, tanto para a gestão do COI, quanto para os jogos também se definiram nos primeiros anos de sua fundação. Entre as políticas de natureza institucional, encontram-se aquelas voltadas a posicionar o COI como um facilitador da integração do esporte com outros setores da sociedade: a estratégia de relacionamento com a sociedade que apresentava o COI como uma instituição "aberta" [7]; o posicionamento na sociedade de acordo com a classe social de seus membros e com a imagem da instituição a ser comunicada (reuniões não poderiam ser realizadas sem pompa e cerimônia)[8]; a feitura de seus membros como depositários (*trustee*) da ideia olímpica e responsáveis por impor esse valor à realização dos jogos; a ação de um

---

[4] COUBERTIN, 1979, p. 39.
[5] COUBERTIN, 1979, p. 14.
[6] No presente, esse comitê é chamado de "Comitê Técnico".
[7] COUBERTIN, 1979, p. 62. Na prática, os membros estavam abertos a receber/estudar as sugestões externas desde que fossem enviadas por caminhos oficiais e que "não revolucionassem os princípios sacrossantos da instituição".
[8] COUBERTIN, 1979, p. 41.

articulador para consolidar o esporte local; a participação de atletas ou ex-atletas na organização dos jogos e entre membros do COI (como parte do currículo); a não intervenção na formação do Comitê Olímpico Nacional (CON), mas a reserva da prerrogativa de reconhecê-lo ou não.

Quanto às políticas de natureza organizacional dos jogos, objetivavam não interferir no nível local, definir a periodicidade dos jogos a cada quatro anos, estabelecer a realização dos jogos com alternância das cidades-sede, obter das cidades candidatas um plano apresentado pelos organizadores e garantias financeiras[9], realizar jogos independentes de quaisquer outros eventos (como feiras mundiais) de forma a não alterar sua estrutura[10]; atribuir à cidade-sede a responsabilidade de construir as instalações fixas[11]; exigir obediência à imagem "litúrgica" e ritualística dos jogos (uma releitura do conceito religioso da antiguidade).

No cenário olímpico, desde 1902, a discussão "amadorismo" *versus* "profissionalismo" ocupou grande parte da agenda do esporte, obrigando o COI a participar ativamente da caracterização dessas definições e do impacto delas no perfil dos atletas participantes dos jogos. Diferente de hoje, o esporte era percebido pela sociedade como mera recreação, mas, para o barão de Coubertin, era uma religião e, como tal, os jogos deveriam ser Igreja, dogma, rito e, principalmente, ser envolvidos pelo sentimento religioso da tradição (WEBER, 1978); dessa forma, para o COI, não seria meritória a discussão sobre o atleta ser ou não ser remunerado por sua performance. No início do século XX, um atleta deixaria de ser considerado amador nos seguintes casos: ao aceitar algum prêmio em dinheiro; ao competir com profissionais; ao receber pagamento como instrutor; e ao participar de quaisquer eventos abertos. Poucas eram as modalidades esportivas que se organizavam por Federações Nacionais (FN) e um número ainda menor de modalidades era capaz de organizar-se como Federação Internacional (FI) – as existentes tinham atuação limitada por restrições financeiras. A formação dos Comitês Olímpicos Nacionais (CON), que seriam o braço direto do COI no território designado, era dificultada pelas FN que percebiam a formação dos CONs como uma ameaça à existência das FNs na coordenação do esporte. O COI, por meio da moderação, fomenta, entre as lideranças esportivas, a mesma

---

[9] Essa política nasce após a 3ª Olimpíada, como lição aprendida das duas anteriores.
[10] *Idem*.
[11] A expressão "legado" não está mencionada, mas o conceito está registrado como "um bem permanente para a cidade". (COUBERTIN, 1979, p. 80)

relação comunal-associativa que reside na fundação da instituição e, em torno dos jogos, estabelece com os novos grupos, o evento como uma ação social do tipo tradicional (WEBER, 1978).

Assim, nasce a face multiplicadora do COI, um instrumento da estratégia de internacionalização que, durante décadas, forma o MO de hoje (Figura 2.2).

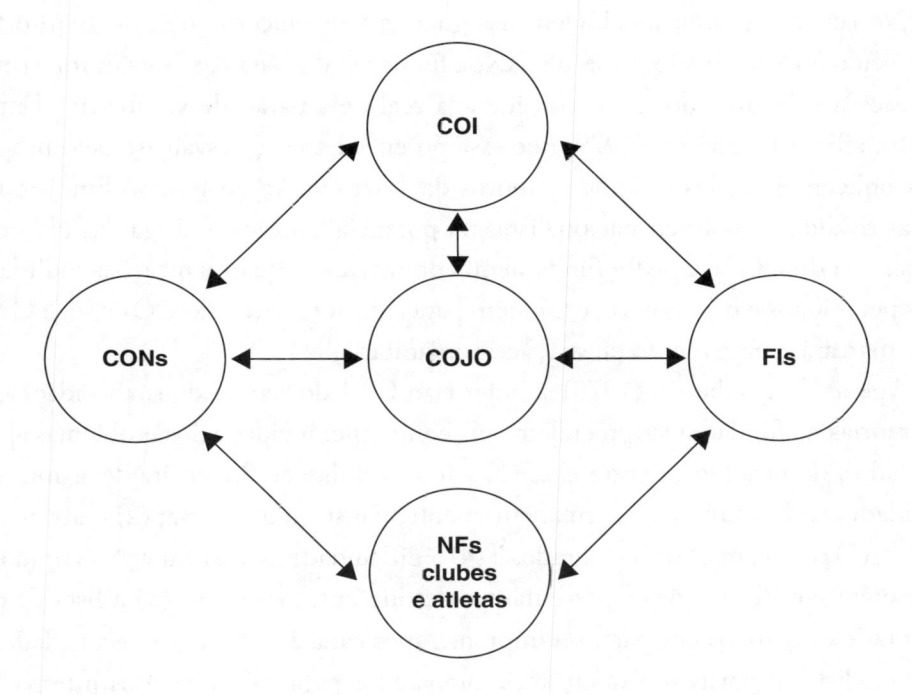

Figura 2.2 Movimento Olímpico (MO).

Fonte: Adaptado de Chappelet (2008)

Para a formação da face multiplicadora, o COI utilizou-se da influência e do poder de seus membros para aumentar o número de CONs, FNs e FIs e pela moderação, durante anos, impôs-se como autoridade suprema[12] aos representantes do MO que nasciam naquele momento. Durante esse percurso centenário, a moderação foi o instrumento que garantiu o equilíbrio entre as forças políticas no interior do Movimento Olímpico, exatamente como descritas no feudalismo de Weber (1978) e na Monarquia de Montesquieu (1748).

---

[12] Artigo I da Carta Olímpica.

A coordenação do MO deu-se, entre outras coisas, pela disseminação dos valores do olimpismo e do financiamento de algumas iniciativas. Dessa forma, o COI tornou-se o facilitador e o multiplicador do nascimento do Movimento Olímpico (MO), exercendo sobre ele uma forma de dominação carismática (WEBER, 1978), pautada pela honra que demanda lealdade e que legitima a autoridade suprema, como dito por Bobbio (2000).

No cenário internacional, além das guerras e revoluções que assolaram o fim do século XIX e o início do século XX, a fundação da Liga das Nações foi a única ameaça à soberania do COI, considerada real pelo barão de Coubertin. Entretanto, afirma Coubertin (1979) que essa potencial ameaça esvaiu-se pelo próprio desconhecimento dos estados-membros da Liga quanto ao tema "olimpismo" e pelas rivalidades político-nacionalistas. A potencial ameaça da Liga das Nações à soberania do COI é a pedra fundamental do interesse das organizações multilaterais pelos jogos e pelo esporte e também para a futura relação do COI com a ONU que marcará o nascimento de sua face humanitária.

Apesar de Coubertin (1979) se referir ao COI do tempo de sua fundação, as memórias do fundador surpreendem pela contemporaneidade dos problemas apresentados, destacando-se entre eles: (1) a impossibilidade financeira de as municipalidades realizarem jogos permanentemente, daí sua alternância; (2) o atraso das obras; (3) os orçamentos "estourados"; (4) a dificuldade de realizar ações conjuntas que envolvam federações representantes de diferentes esportes; (5) a lista de comentários negativos por parte da imprensa após cada evento; (6) a necessidade de os jornalistas esportivos estarem mais preparados para cobrir eventos internacionais; (7) a existência de esportes considerados "menores" pela sociedade.

O COI do Pós-Guerra e o Nascimento da Face Humanitária

No COI do pós-guerra, a estratégia de internacionalização já era bem-sucedida. A face multiplicadora fortalecia-se, pois o COI exercia sua autoridade suprema sobre o MO e seus representantes se retroalimentavam, legitimando o poder do COI. A coordenação do MO fazia-se por mecanismos horizontais e consensuais (CHAPPELET, 2008), embebidos na dependência da trajetória que carrega os princípios de honra e moderação e a estratégia de influência e poder. Vale lembrar que o COI, por sua vez, continua a divulgar o olimpismo e a financiar as iniciativas do MO.

Em paralelo, após a década de 1970, o esporte tornou-se uma atividade econômica e também se constituiu matéria do Direito Internacional. De fato, nos primeiros estudos realizados na década de 1980, demonstrou-se que, em 1989, o esporte contribuiu com 1,5% para o PIB da Europa (GIRGINOV, 2005) e que, nesse mesmo período, as empresas fornecedoras do esporte cresceram rapidamente, tanto em quantidade, como em qualidade: uma expansão com significado para a economia (KNUT, 2002). A importância dessa transformação coloca novos temas na agenda internacional do esporte e, embora o COI contemporâneo tenha praticamente mantido muitas das políticas desenhadas por seu fundador, entre esses novos temas, alguns representam novas ameaças à sua hegemonia. As principais ameaças foram, prioritariamente: violência, doping e corrupção[13]; e foi o tratamento dado aos temas violência e doping, por meio da moderação, que fortaleceu o MO, consolidando o desenvolvimento da face humanitária.

Se o embrião do interesse das organizações multilaterais pelos jogos foi a convocação feita ao COI pela Liga das Nações após a Primeira Grande Guerra, após a Segunda são as questões políticas da cena internacional que marcaram para sempre a relação do COI com a ONU. O tema violência relaciona-se com as questões políticas que se seguem aos anos 1960 – *apartheid*, boicotes, terrorismo, independência de colônias, reconhecimento de novos regimes políticos, exclusão de países dos jogos, ataques e embaraços diplomáticos – e que, consequentemente, tornam necessária a aproximação com a ONU. Essa aproximação – ONU-COI – deu origem a várias iniciativas, como a versão moderna do Olympic Truce, adotada pela ONU[14] em 1993. Esse resgate da ideia do Olympic Truce (*Ekecheiria* dos antigos gregos), cujo objetivo era garantir um "cessar-fogo" durante os jogos, torna o COI e o MO oficialmente reconhecidos pela ONU como atores importantes na construção da paz mundial, por meio da educação para o esporte e, assim, antes de cada edição dos Jogos de Inverno e de Verão, uma resolução da Assembleia Geral da ONU, com validade para o período dos jogos, denominada Building a Peaceful and Better World through Sport and the Olympic Ideal[15], é passada e imediatamente adotada pelos estados-membros. Em 2000, durante a reunião do United Nations Millennium Summit, conhecida por produzir o documento denominado Declaração do Milênio, que baliza os pilares necessários à construção do desenvolvimento sustentável, foi acordado que essa declaração também deveria reconhecer a importância do Olympic Truce. Entre uma longa lista de acordos firmados entre a ONU e o COI durante as últimas décadas, em 2009, o

---

[13] O tema corrupção será tratado no item sobre gestão interna.
[14] UN Resolution 48/10, adotada em 25/10/1993.
[15] A construção de um mundo pacífico e melhor através do esporte e do ideal olímpico.

COI é declarado observador não permanente da Assembleia Geral da ONU – o único observador com atuação no mundo do esporte[16] – e consolida sua face humanitária e nela se torna um ator do desenvolvimento sustentável.

Para combater o doping, o COI participou de iniciativas que criaram o TAE e a AMA. Em 1968, o COI começou a organizar os testes de controle antidoping durante os jogos; entretanto esse trabalho era restrito ao período das competições, e as Federações Internacionais foram relutantes em seguir o exemplo do COI em razão dos custos financeiros e administrativos impostos por essa nova rotina, bem como por causa do medo de que o resultado dos testes tivesse um impacto negativo na imagem do esporte. Apesar da relutância das FIs, os governos foram mais ágeis em introduzir legislação a respeito do assunto e, já em 1970, o Conselho Europeu, com a colaboração do COI, desenvolveu matéria sobre o tema. Em 1990, os governos pressionaram as organizações esportivas, principalmente as FIs, a implantar novas práticas, mas, como muitas ainda não estavam preparadas para seguir os novos regulamentos do COI, na década de 1990, o próprio COI desenvolveu uma rede de laboratórios acreditados para testes de doping. Em 2000, após uma longa negociação com FIs, UNESCO, OMS, governos e outras organizações, o COI e os governos criaram a Agência Mundial Antidoping (AMA), uma fundação, sediada no Canadá, com *status* de agência supranacional, sob a governança de 38 membros que representam de forma igualitária o MO e os governos[17].

Quanto ao Tribunal Arbitral do Esporte (TAE), é uma corte privada que, durante os jogos, decide todas as disputas que venham a acontecer em um período de 24 horas. O fórum legislador é o suíço, e as decisões são válidas por meio de um acordo assinado entre as partes que, muitas vezes, já inclui cláusulas de arbitragem em seus contratos. Com o crescimento do interesse pela opção de arbitragem e mediação como forma de evitar uma ação civil, o TAE já lida com aproximadamente 300 casos ao ano, oferecendo soluções para as disputas internacionais relacionadas com o esporte.

A fundação da AMA e do TAE permite olhar o COI e o MO numa moldura proposta por Freeman (2010) quando comenta o "voluntarismo". No caso da AMA, entende-se que a demanda por testes antidopings obrigaria as federações nacionais e internacionais a desenvolverem um conjunto de normas internas que não estavam disponíveis na organização e, ao não serem livres para cooperar,

---

[16] https://www.un.org/en/members/intergovorg.shtml. Ver também Ata da 64ª Sessão da Assembleia Geral das Nações Unidas.
[17] http://www.wada-ama.org/en/About-WADA/Governance/.

terminaram por obedecer a regras impostas pelas cortes: uma falha na visão de Freeman. Entretanto, apesar da falta de detalhes na literatura encontrada, a atitude do COI revela sua independência em abraçar causas que nem sempre são do "interesse" dos outros representantes do MO e, sob as lentes de Freeman (2010), permite dizer que o COI abraçou o "voluntarismo" colaborando com os governos antes de a nova legislação ser promulgada.

A face humanitária expõe três grandes fragilidades institucionais do COI: a primeira é a constituição de um escritório da ONU – United Nations Sport, Development and Peace[18] (UNOSDP) – que faz do esporte o escopo de seu trabalho e apresenta uma superposição de interesses entre ONU e COI. Assim, o COI seria dependente da UNOSDP: para interagir na ONU, existiria uma colaboração orçamentária entre as partes e um braço da ONU que o legitimaria a contribuir com o cumprimento dos objetivos constantes da Declaração do Milênio. De fato, a UNOSDP poderia ameaçar o tecido político-jurídico-institucional da relação COI-ONU, fragilizando a relação institucional entre as partes, limitando o discurso da face humanitária do COI a uma subordinação à ONU; entretanto a literatura mostra que essa ameaça não se materializou[19].

A segunda fragilidade é a competência jurídica do COI que rege o MO por meio da Carta Olímpica que, por sua vez, não tem caráter civil ou penal e, portanto, está sujeita à regulação imposta pelos estados/nação, os quais – principalmente nos grandes centros como Europa e Estados Unidos – vêm seguidamente regulando o esporte e ocasionando um efeito "cascata" para outros países. Por exemplo, na Europa[20], o esporte passa a ser regulado pelo Council of Europe por meio do documento denominado European Sports Charter. Assim, o MO deve obrigação legal ao arcabouço jurídico vigente em seu território e obrigação institucional ao COI. Em outras palavras, a Carta Olímpica e a legislação esportiva seriam, respectivamente, a norma e a regra (NORTH, 1990). As questões referentes aos poderes do COI como personalidade jurídica internacional foram estudadas por Latty (2009) que separa a "Lei Olímpica" do Direito Internacional e a relação do COI com os estados, afirmando que a "Lei Olímpica" se restringiria ao MO.

---

[18] Nações Unidas Esporte, Desenvolvimento e Paz.
[19] Para o assunto vide as seguintes publicações do *Department of International Cooperations do COI: a) The IOC and the UN System (Janeiro de 2002) b) The IOC and UN System Building a Peaceful and better world through sport and the Olympic ideal* (Junho de 1999).
[20] *European Sports Charter* de 1992 e revisado em 2001. Ver: https://wcd.coe.int/ViewDoc.jsp?Ref=Rec%2892%2913&Sector=secCM&Language=lanEnglish&Ver=rev&BackColorInternet=9999CC&BackColorIntranet=FFBB55&BackColorLogged=FFAC75. Acesso em 31 de janeiro de 2012.

A terceira fragilidade deve-se ao fato de que o COI, até 1960, manteve a ordem social do MO por meio da mesma estrutura informal de sua fundação, baseada na dominação carismático-feudal (WEBER, 1978) e nas normas de North (1990). Somente em 1981, o COI tornou-se uma ONG a qual, em 2000, é beneficiada por alguns "elementos de pessoa jurídica internacional"; entretanto, não obtém da Suíça o chamado Headquarter Agreement[21] que colocaria a instituição no mesmo patamar, por exemplo, da Cruz Vermelha, também declarada um observador da ONU, como o COI. Para a Cruz Vermelha, uma instituição supranacional de fato, o governo suíço garante, entre outras coisas, a imunidade diplomática de seus membros[22]. Entretanto Bas Arts (2001) ensina que a atuação do COI não seria reduzida por esse fato já que esses atores internacionais podem estabelecer relações legais no marco do Direito Internacional com estados e instituições internacionais, por exemplo, com a ONU. Na verdade, para Bas Arts (2001), o fato poderia conferir benefícios aos atores "não estatais", como a maior possibilidade de atuação, aumentando a possibilidade de construir consensos e a independência marcada pela capacidade técnica da organização.

Apesar das fragilidades, o COI consolida-se como instituição internacional, parceira da ONU, com presença na agenda de temas relacionados com o desenvolvimento sustentável, paz, violência, saúde, meio ambiente. O volume de iniciativas do COI, na esfera do macroplano do desenvolvimento sustentável, leva Chappelet (2008) a dar ao COI uma face "humanitária" com a qual ele se posiciona institucionalmente.

O processo de construção dessa face ratifica os ensinamentos de Montesquieu (1748) quando afirma que a honra, mesmo quando movida pelo interesse próprio, leva ao bem público e à moderação como a ferramenta com a qual o COI negocia – vide o exemplo do TAE e da AMA – ações que também ratificam o COI como capaz de adotar o voluntarismo observando-se os ensinamentos de Freeman (2010); confirma o COI como uma organização política com uma estratégia de influência e poder que o posiciona como um dos atores do desenvolvimento sustentável no macroplano legitimado pelo MO.

---

[21] Em 2000, o governo suíço reconheceu "alguns elementos de personalidade internacional" do COI, o que permitiu à instituição beneficiar-se de algumas facilidades da legislação internacional prioritariamente nas esferas fiscal e trabalhista. RECUEIL OFFICIEL SUISSE, n. 11, p. 845, 20 mar. 2001.

[22] The Federal Act on Privileges, Immunities, Exemptions and Financial Contribution Granted by Switzerland's Host State Act (HSA).

O COI no Contexto Institucional e o Nascimento da Face Empreendedora

O COI do século XXI não é o mesmo do século XIX, mas também não foi "transformado", nem pelas Grandes Guerras, nem por tantos outros fatos marcantes do século XX. Sua transformação se deu pela formação de uma face empreendedora que o posiciona no mundo dos negócios.

A estratégia do pós-guerra que, praticamente, manteve o curso deixado por seu fundador, foi, inicialmente, capaz de acomodar o surgimento de temas, como violência e doping. Entretanto, em 1975, uma quebra de feedback (HODGSON, 2006), tornou o COI incapaz de manter o hábito (HODGSON, 2006) sobre o qual sempre endossou seu poder de realizar os Jogos Olímpicos: não havia candidatos interessados em sediar os jogos de 1984. Sem candidatos interessados em sediá-los, o COI teria supostamente dois caminhos a seguir: não realizá-los ou realizá-los, arcando com os custos. A procura por uma terceira opção, que seria a realização dos jogos em Los Angeles, levou a instituição a desenhar uma nova estratégia de comercialização que a obrigou a fazer concessões e a mudar padrões: (1) estabelecer a marca olímpica como um sistema de franquia (PREUSS, 2000; PAYNE, 2006); (2) abolir momentaneamente as garantias governamentais[23] para a cidade-sede de Los Angeles; (3) financiar os jogos somente com capital privado por meio da comercialização dos direitos de transmissão e patrocínios; (4) permitir a participação de atletas profissionais[24], retirando o amadorismo da Carta Olímpica.

Dessa forma, ao tornar a marca olímpica uma franquia, o COI consolida uma nova face que mimetiza uma empresa, uma face empreendedora que o reorganiza sobre relações contratuais – verticais e horizontais – que implicam grandes custos de transação. As relações estabelecidas tornam-se verticais quando a instituição passa a ser a franqueadora dos jogos e a administradora do monopólio de ativos específicos e intangíveis; e horizontais na relação contratual/comercial com patrocinadores, licenciados, fornecedores exclusivos e governos.

---

[23] A questão da "garantia" merece registro. A partir do final da década de 1960, com o desenvolvimento do esporte, os jogos também crescem e tornam-se custosos para as cidades que começam a arcar com grandes prejuízos após sua realização – vide os exemplos das edições de Munique 1972 e Montreal 1976. Para os jogos de 1984, a única possibilidade de realizá-los, na ausência de outros candidatos, seria a cidade de Los Angeles, pois já havia sido candidata nas edições de 1976 e 1980. Entretanto, diante da recusa da Prefeitura de Los Angeles em prover as garantias exigidas desde o tempo da fundação do COI, a instituição foi obrigada a promover uma revisão da Carta Olímpica e, ainda, pela primeira vez, realizar uma edição privada dos jogos.
[24] O termo amadorismo foi definitivamente retirado da Carta Olímpica em 1972 (GIRGINOV, 2005).

O sucesso financeiro dos jogos de Los Angeles reverteu a situação de desinteresse das cidades e as candidaturas voltaram a acontecer de forma ainda mais acirrada; desde essa época, há entre sete a 11 cidades competindo para sediar uma edição dos jogos (GIRGINOV, 2005). O Comitê Organizador de Los Angeles (LAOOC) foi o primeiro da história dos jogos a declarar um resultado financeiro positivo após a realização do evento. Após os jogos de Los Angeles, o sistema de franquia montado pelo COI, articulado por sua face empreendedora, enterra definitivamente a proposta inicial de sua fundação quando os jogos foram promovidos como uma ação social (WEBER, 1978). Nessa nova face, o COI é o responsável por um portfólio de receitas, apoiado na comercialização de direitos televisivos e patrocínios e com baixa participação da venda de ingressos, conforme a Figura 2.3. O sistema de franquia, calcado na venda de direitos de transmissão, não só reaviva o interesse das cidades em sediar os jogos, como também permite que entrem na fase do "gigantismo" (PREUSS, 2004).

Receitas do COI (%)

- Ingressos 5%
- Licenciamento: 3%
- Patrocínios 45%
- Direitos de Transmissão 47%

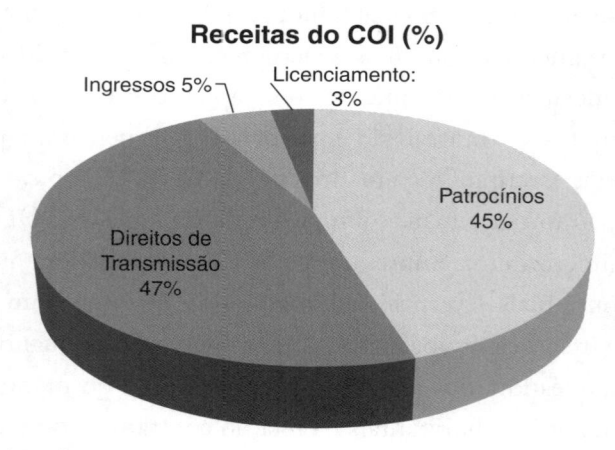

Figura 2.3 Receitas do COI.

Fonte: Adaptado do Comitê Olímpico Internacional. http://www.olympic.org/ioc-financing-revenue-sources-distribution?tab=Sources. Acesso em 31/01/2012.

Em termos de marketing, em geral, o produto do COI é a ideologia que ele representa, a qual é comercializada por meio de direitos de transmissão e uso de imagem, programas de patrocínio internacional e local, bilheteria e licenciamento de marca e produtos. A receita auferida pelo COI com a comercialização dos jogos e da marca praticamente dobrou o valor nominal em uma década, entre 1993 e 2005 (Quadro 2.1).

Quadro 2.1 Evolução das receitas do COI (em U$ milhão)

Fonte	Período			
	1993-1996	1997-2000	2001-2004	2005-2008
Broadcast	1.251	1.845	2.232	2.570
Programa TOP	279	579	663	866
Patrocínios do COJO	534	655	796	2
Ingressos	451	625	411	274
Licenciamento	115	66	87	185
Total	2.630	3.770	4.189	5.450

Fonte: IOC Marketing Fact File 201 Edition.

Sobre a marca, uma pesquisa de mercado, realizada pelo COI, revelou que as oportunidades de comercialização deveriam ser construídas sobre ativos intangíveis, como esperança, sonhos e inspiração, amizade e fair-play, os quais se aproximam dos ensinamentos de Drucker[25] (1990), ratificando-os. Considerando que o COI amealha todos os recursos da comercialização de ativos intangíveis no mercado internacional, nada mais importante do que o controle da propriedade intelectual desses ativos. Em 1981, com um esforço que envolveu uma grande negociação internacional foi assinado o Tratado de Nairóbi[26] que obriga os países signatários a proteger a marca olímpica. No total, até 2012, 49 países colocaram em força o Tratado. Estima-se que a proteção à marca rendeu ao COI, aproximadamente, cinco bilhões de dólares em vinte anos (GIRGINOV, 2005). Apesar dessa importante iniciativa, a proteção é considerada ainda frágil pelos analistas, pois vários países importantes, Alemanha, Austrália, Canadá, Espanha e Estados Unidos não fazem parte do Tratado, embora tenham legislação local sobre o assunto.[27]

---

[25] Drucker (1990) acrescenta que, para "as organizações sem fins lucrativos", a estratégia de marketing deverá integrar o cliente e a missão, distinguindo as causas morais das causas econômicas. Ao administrar uma ONG é necessário lembrar-se constantemente de que o resultado está sempre fora e não dentro dela.
[26] Artigo I – *Obligation of States. Any State party to this Treaty shall be obliged, subject to Articles 2 and 3, to refuse or to invalidate the registration as a mark and to prohibit by appropriate measures the use, as a mark or other sign, for commercial purposes, of any sign consisting of or containing the Olympic symbol, as defined in the Charter of the International Olympic Committee, except with the authorization of the International Olympic Committee. The said definition and the graphic representation of the said symbol are reproduced in the Annex.* (Fonte: http://www.wipo.int/treaties/en/ip/nairobi/trtdocs_wo018.html. Acesso em 31/01/2012.)
[27] No Brasil, o tratado entrou em força em 10 de agosto de 1984. (Fonte: http://www.wipo.int/treaties/en/Remarks.jsp?cnty_id=1338C. Acesso em 31/01/2012.)

O COI empreendedor – ver Quadro 2.2 – também detém o controle total ou parcial de várias empresas, entre elas Olympic Foundation, Olympic Museum Foundation, Meridian (agência de marketing), Olympic Broadcast Service (OBS) – responsável pela transmissão do sinal e das imagens para todas as emissoras internacionais que cobrem os Jogos Olímpicos –, Olympic Television Archive Bureau (OTAB) – companhia inglesa administrada pela Trans World International (TWI), Olympic Photo Archive Bureau (OPAB) – administrada pela Allsport do Grupo Getty, e, ainda, Lausanne International House of Sport AS – que sedia muitos de seus escritórios. Há também o braço educacional representado pela International Academy of Sports Science and Technology (AISTS), fundada em 2002, e pelo Olympic Games Knowledge Management (OGKM), responsável pela transmissão do conhecimento entre jogos, que nasce independente e posteriormente se torna uma divisão do próprio COI.

Quadro 2.2 Ativos do COI em 31 de dezembo de 2000 e 31 de dezembro de 2004 (em U$ milhão)

Ativos	31/12/2000	31/12/2004
Circulantes	108,6	605,2
Não circulantes	110,9	296,3
Restrito	129,9	135,0
Total	349,3	1.036,5

Fonte: Chappelet (2008:46)

Em termos financeiros, o COI retém muito pouco dos recursos arrecadados, aproximadamente 8%[28] (CHAPPELET, 2008), o restante é repassado ao MO, fortalecendo a autoridade suprema e a legitimidade do COI sobre o MO. A geração e a distribuição de um grande volume de recursos permitiram que o COI se tornasse um braço financeiro importante, não só do MO, mas também dos jogos, para os quais ele garante o aporte de 50% das despesas previstas pelo Comitê Organizador, aumentando, assim, o interesse dos comitês olímpicos nacionais. Essa rica independência do COI, no modelo do desenvolvimento de fundos de Drucker (1990), assegura a longevidade da instituição da seguinte forma:

---

[28] Essas reservas buscam, prioritariamente, cobrir possíveis ações civis e perdas referentes ao cancelamento de uma edição dos jogos.

(a) para a sua face humanitária proporciona mais possibilidades de parcerias com entidades supranacionais, reforçando seu protagonismo e o do MO;

(b) para a sua face multiplicadora garante mais poder, segurança e influência com o MO cujos programas podem contar com recursos aprovados pelo Departamento de Solidariedade Olímpica, responsável por administrar a fração que cabe aos CONs na receita arrecadada com a comercialização dos direitos de transmissão dos jogos;

(c) para a face empreendedora garante expansão pelo sucesso financeiro.

A Gestão Interna do COI

Assim como os grandes casos de doping[29] forçaram a criação do TAE e da AMA, a corrupção também provocou alterações na governança do COI e no mundo olímpico, pois a corrupção não coexiste com a honra e erode a moderação; assim, para que a honra fosse restaurada, foi necessário realizar uma mudança interna que validasse a face empreendedora. O rumor sobre processos pouco éticos para a seleção das cidades já existia antes de 1984, mas, a partir dessa data, com o início do sucesso financeiro dos jogos, a visibilidade sobre esses casos aumentou e a pressão para a imposição de sanções também. O primeiro caso publicamente confirmado de corrupção foi sobre a candidatura da cidade de Salt Lake City, que levou o Congresso norte-americano a instalar uma comissão de inquérito na qual o presidente do COI depôs em dezembro de 1999[30]. A pressão governamental da mídia e dos patrocinadores sobre o COI levou-o a criar uma Comissão de Inquérito cujo resultado material foi: (1) a formação da Comissão de Ética; (2) o desligamento e as reprimendas formais a membros; e (3) uma reforma administrativa, conhecida como a Reforma de 1999. Nessa data, o COI adotou um Código de

---

[29] Há inúmeros casos de doping na literatura esportiva, mas, para o escopo deste trabalho, aponta-se: (1) a morte do ciclista dinamarquês Jensen nos Jogos de 1960 que levaram à criação de uma Comissão Médica; e (2) a desqualificação do velocista canadense Ben Johnson, em 1988, durante os Jogos de Seul que levou o Canadá a montar uma comissão governamental muito criticada pelo mundo esportivo que preferia a autorregulamentação. Sugere também a literatura do esporte que esse último caso de doping deve-se ao grande esforço do Canadá para sediar a AMA, instituição que o IOC preferia hospedada em Lausanne.
[30] http://www.la84foundation.org/SportsLibrary/ISOR/ISOR2000g.pdf. Acesso em 1/03/2012.

Ética, com aplicação de competência de todo o MO, para listar os princípios da atividade olímpica (houve uma revisão em 2007). Pelo Código, qualquer pessoa poderá enviar uma queixa ou denúncia diretamente ao presidente do COI, cabendo a ele decidir sobre a pertinência da matéria.

Quanto à Comissão de Ética, não é independente, como o TAE e a AMA, funciona como uma das Comissões do COI e atua com base em um conjunto de princípios que inclui o Código de Ética. Sua abrangência inclui os membros do COI, os CONs, os Comitês de Candidatura, os Comitês Organizadores e, em geral, qualquer pessoa do MO poderá ser chamada a participar. Sua estrutura consiste em nove membros: cinco não são membros do COI e, entre os membros participantes, um deverá ser eleito pela Comissão de Atletas. A designação dos membros é feita pelo presidente do COI, e os nomes devem ser ratificados pelo Comitê Executivo. As sanções, provenientes de uma investigação confidencial coordenada pelo Comitê Executivo, compreendem a retirada das prerrogativas olímpicas, seja em caráter permanente ou temporário e também devem ser aprovadas pelo Comitê Executivo. As respostas do COI aos rumores de corrupção não validam as premissas do voluntarismo de Freeman (2010) já que alterações internas somente aconteceram mediante as demandas políticas ocasionadas pela formação de uma Comissão de Inquérito nos Estados Unidos.

No que concerne à estrutura, o COI, para atender a novas demandas, altera sua estrutura a fim de integrar novos recursos à organização. Dessa forma, o COI[31], em 1894, conta com 15 membros, sem CONs e com poucas FIs; o COI do século XXI conta com 115 membros, 204 CONs, 28 FIs de esportes de verão, sete FIs de esportes de inverno e 32 Federações Esportivas. O aumento do número de funcionários do COI também acompanhou o movimento de expansão do MO (Quadro 2.3).

Quadro 2.3 Desenvolvimento do número de funcionários da Administração do COI

ANO	1968	1973	1976	1980	1982	1987	1994	2001	2003	2005	2007
Nº	12	18	21	27	48	78	139	208	297	326	407

Fonte: Chapellet (2008, p.33)

---

[31] Fonte: International Olympic Committee http://www.olympic.org/Documents/Reference_documents_Factsheets/The_Olympic_Movement.pdf. Acesso em 31/01/2012.

Organograma do Comitê Olímpico Internacional

- COI Seção (Session)
- Comitê Executivo
- Presidente
- Chefe de Gabinete da Presidência
- Diretor Geral
- Recursos Humanos
- Desenvolvimento Corporativo
- Diretor Executivo dos Jogos Olímpicos
- Comissões do COI
- Empresas Controladas pelo COI
- Conselho da Fundação do Museu Olímpico
- Comitê Executivo do Conselho
- Diretor de Comunicação
- Diretor de Marketing
- Diretor de Tecnologia
- Diretor de Esportes
- Diretor de Relações com o COM
- Diretor Jurídico
- Diretor do Museu Olímpico
- Diretor de Gestão da Informação
- Diretor Médico e Científico
- Diretor de Finanças e Administração
- Diretor do Solidariedade Olímpica
- Diretor de Cooperação Internacional

Linha funcional
Linha hierárquica

Fonte: Chappelet (2008: 32)

Quadro 2.4 Organograma do Comitê Olímpico Internacional

Fonte: Chappelet (2008:32)

O COI totaliza 25 Comissões[32]: consideram-se seis as mais importantes, pois lidam com a governança, com a negociação dos contratos de patrocínio e de direitos televisivos e, ainda, com os repasses de recursos para o MO. As Comissões de Ética e a Executiva participam da governança; da administração da instituição participam as comissões Jurídicas, de Finanças, de Marketing e de Solidariedade Olímpica. Todos os presidentes de Comissão são membros do COI, entretanto as Comissões consideradas mais importantes têm como presidentes membros do Comitê Executivo. Os membros do COI recebem US$1.400 pela participação em reuniões e os membros do Comitê Executivo, US$3.000. No escopo deste trabalho destacam-se as Comissões de Meio Ambiente e Solidariedade Olímpica as quais serão abordadas no Capítulo 4.

O COI, desde 1981, incluiu a participação feminina entre seus membros. O número total de membros foi limitado durante a reforma de 1999, que também ditou que 70 membros fossem indivíduos independentes e 45, empossados nos cargos que tivessem em FI, CON ou Comissão de Atletas – a qual representa uma mudança institucional importante, pois altera a política do fundador do COI que advogava que os membros eleitos deveriam representar o COI e o olimpismo em seus países e não suas organizações no COI. Há também os membros honorários (ex-membros que se aposentam pela idade limite de 70 anos) e os membros honoríficos (pessoas que tenham contribuído com a causa olímpica). Os membros têm um mandato de oito anos, mas podem ser reeleitos por mais um período. Entretanto a reforma garante os direitos adquiridos dos membros já existentes e, assim, como o cargo era anteriormente vitalício, ainda há membros acima da idade compulsória. Os novos membros são indicados pela Comissão de Nominação e repassados para o Comitê Executivo que, por sua vez, repassa-os para os membros em exercício que conduzem a votação secreta[33]. A composição dos membros deve ser equilibrada entre os representantes nacionais presentes, evitando-se que afinidades culturais favoreçam decisões.

O presidente do COI é citado pelo *Sport Business Journal*[34] como a 16ª pessoa, entre as 50 mais influentes do esporte. Na instituição, ele tem o poder de apontar "Grupos de Trabalho" e "Comissões" (exceto pelo Comitê Executivo e pela

---

[32] http://www.olympic.org/Documents/Commissions_PDFfiles/All_Commissions/Commissions_2009.pdf.

[33] De acordo com Chappelet (2008), em toda a história do COI, somente em 2001 um nome foi encaminhado para votação e não teria sido aprovado.

[34] *Sports Business Journal*, p. 12-18, dez. 2011.

Comissão de Atletas) e quaisquer outras decisões devem ser submetidas ao Comitê Executivo. Com considerável autonomia financeira, o presidente garante seu poder e é o responsável pela administração da organização, executando despesas não orçamentárias que são validadas de forma retroativa pela Comissão de Finanças. Essa fórmula, chamada de "Presidência Executiva" é uma função não remunerada[35], requer dedicação integral e foi adotada a partir da década de 1980.

Em cem anos de existência, o COI teve oito presidentes, e consideram-se o barão de Coubertin e o marquês Juan Antonio de Samaranch (1980-2001) como os mais importantes: o primeiro por fundar e dar "alma" ao COI e o segundo por transformar, comercializar e profissionalizar os jogos. Entretanto, de acordo com Carpentier (2004), foi o "silencioso" Henri Baillet-Latour, sucessor do barão de Coubertin, o responsável pela perpetuação dos valores do fundador na organização. Historicamente, entre membros e presidentes do COI, encontra-se um grande número de nobres e políticos importantes (GIRGINOV, 2005; CHAPPELET, 2008): fato que reforça o enraizamento dos conceitos de honra e moderação na dependência da trajetória espelhados na estratégia política de influência e poder que amplia a soberania do COI sobre o esporte internacional.

Conclusão

Neste capítulo, caracteriza-se o COI, apresentando-o como uma organização política que é também, simultaneamente, uma ONG e uma instituição em que convivem, de forma sobreposta aos alicerces que formam a sua dependência da trajetória, três faces institucionais: a multiplicadora, a humanitária e a empreendedora. A dependência da trajetória do COI é construída sobre os princípios de honra e de moderação. Somam-se a esses princípios as ideias de influência e de poder, as quais, desde a fundação, são os pilares da estratégia de internacionalização. A face multiplicadora, a articuladora do MO, é constituída sobre a legitimidade; a face humanitária relaciona-se com agências e organismos multilaterais, representada na pessoa jurídica de ONG; e a face empreendedora, que mimetiza uma empresa, faz-se presente no mundo dos negócios como a franqueadora dos jogos que são negociados como ativos intangíveis e específicos.

---

[35] Note-se que, apesar de ser uma função não remunerada, todas as despesas da presidência no desempenho de sua missão e outras, como a de moradia, são custeadas pela instituição.

No capítulo, também, por meio da narrativa histórica do desenvolvimento da instituição, apresentam-se algumas das respostas institucionais do COI às novas agendas colocadas pela sociedade. As respostas dadas pelo COI validam Esty (2009) quando fala do papel da pressão externa, entretanto a forma como a instituição responde à pressão externa não apresenta um padrão, pois a prática do voluntarismo, detectada quando a demanda por respostas abordava temas sem impacto direto no COI, não se repetiu quando o tema em questão tinha impacto direto na instituição.

Para o doping e a violência, temas com impacto direto no MO e nos jogos, no caso do TAE e da AMA, a resposta do COI valida o voluntarismo de Freeman (2010). Nessa situação, impulsionado por *path dependence*, o COI constrói o bem maior na busca do próprio interesse como líder do MO. Entretanto, para a corrupção, tema que atingia diretamente o COI, o voluntarismo não foi validado, pois a resposta chegou após a demanda dos entes legais. Na visão de Freeman (2010), no caso da corrupção, pode-se inferir que a baixa habilidade do COI em elaborar sua resposta à pressão externa, pode ter sido consequência da ausência de processos e rotinas internos que precisaram ser criados para que tais respostas fossem possíveis. No citado caso, as respostas institucionais foram: a reforma de 1999 e a criação da Comissão de Ética. Essas respostas, produto da limitação imposta por *path dependence*, praticamente acomodou novas rotinas à estrutura vigente, promovendo alterações de viés incremental.

Ressalte-se que o princípio da honra, como disse Montesquieu, não convive com a corrupção já que essa erode a honra; assim, o COI em razão de sua *path dependence* trabalhou para dar à sociedade a resposta por ela cobrada. Mesmo assim, a sua resposta não valida o voluntarismo de Freeman, pois a resposta foi articulada somente após o envolvimento da Suprema Corte norte-americana.

Dessa forma, no capítulo, demonstra-se que, nos exemplos estudados, a *path dependence* impulsionou o COI ao voluntarismo quando o tema não o atingia de forma direta, mas o limitou quando o impacto foi direto.

Referências

BOBBIO. *A teoria do estado e do poder*. Ensaios escolhidos. São Paulo: CH Cardim Editores, s/d.

_____. *La teoria de las formas de gobierno en la historia del pensamiento politico*. México: Fondo de Cultura Economica, 1987.

BRIGGS, R.Mc.; CARTHY, H.; ZORBAS, A. *16 days. The Role of the Olympic Truce in the Toolkit for Peace*. Athens: International Olympic Committee, 2004.

CARPENTIER, F. *Le CIO en Crises. La presidence de Henri de Baillet-Latour 1925-1940*. Paris: L'Hartmattan, 2004.

CHAPPELET, J.L. *Global Institutions: the International Olympic Committee and the Olympic System*. New York: Routledge, 2008.

_____. *Le Système Olympique*. Grenoble: Presses Universitaires de Grenoble, 1991.

COMMITTEE, I.O. *United Nations and Olympic Truce*. Lausanne: International Olympic Committee, 2005.

_____. Olympic Review. *Oficial Publication of the Olympic Movement*, 2004.

_____. *The IOC and UN System*. Lausanne: International Olympic Committee. Department of International Cooperation, 2002.

_____. *The IOC and The United Nations. Building a Peaceful and Better World Thourgh Sport and the Olympic Ideal*. Lausanne: International Olympic Committee-Department of International Cooperation, 1999.

_____. *The Modernization of the Olympic Movement 1980-1998*. Lausanne: International Olympic Committee, 1998.

COUBERTIN, P.D. *Olympic Memoirs*. Ed. G. D. Navacelle. Lausanne, Suíça: Comitê Olímpico Internacional, 1979.

DURKHEIM, E. *De La Division du Travail Social: étude sur l'organization des sociétes supérieures*. Paris: Alcan, 1893.

ESTY, D.C.; WINSTON, A. *Green to Gold: How Smart Companies Use Environmental Strategy to Innovate, Create Value, and Build Competitive Advantage*. New Jersey: Wiley & Sons Inc., 2009.

FREEMAN, R. *Strategic Management*. New York: Cambridge Press, 2010.

GABOR, R. *The International Olympic Committee and the Politics of the Olympic Movement*. New Jersey: Princeton University, 1988.

GIRGINOV, V. May *The Olympics: a Critical Reader*. London: Taylor & Francis, Inc. 2010.

_____. *The Olympic Games Explained: a student guide to the evolution of the modern Olympic Games*. London: Routledge, 2005.

HOBSBAWN, E. *Era dos extremos*: o breve século XX: 1914-1991. Rio de Janeiro: Companhia das Letras, 1994.

KNUT, D. *Socialisation and the Social Change in Movement Culture and Sport*. Copenhagen: Institute of Exercise and Sport Sciences, University of Copenhagen, 2002.

LATTY, F. Les Jeux Olympiques et le Droit International. *Annuaire Français de Relations Internationales*, p. 945-964, 2009.

MESTRE, A.M. *The Law of the Olympic Games*. Amsterdam: TMC Asser Press, 2009.

MONTESQUIEU, B.D. *L'esprit des lois*. Genève: Barrillot, 1748.

NATIONS, UN *Sport for peace and development: building a peaceful and better world through sport and the Olympic ideal*. General Assembly, p.A/62/L.2, 2007.

PAYNE, M. *A virada olímpica*. Rio de Janeiro: Casa da Palavra, 2006.

CAPÍTULO **3**

O COI, o Desenvolvimento Sustentável e a Sustentabilidade

Maureen Flores

Introdução

Este livro apresenta o COI como uma organização política que é, ao mesmo tempo, uma ONG e uma instituição de estrutura complexa em que convivem, de forma sobreposta aos alicerces que formam a sua dependência da trajetória, três faces com as quais a instituição se apresenta à sociedade – a multiplicadora, articuladora do MO, constituída sobre a legitimidade, a humanitária que se relaciona com agências e organismos multilaterais, respaldada pela pessoa jurídica de ONG, e a empreendedora que mimetiza uma firma, fazendo-se presente no mundo dos negócios como a franqueadora dos jogos que são negociados como ativos intangíveis e específicos. Neste capítulo, objetiva-se dar visibilidade às respostas institucionais do COI à Convenção da Sustentabilidade, respondendo à seguinte pergunta norteadora: Como a sustentabilidade se faz presente nas diferentes faces institucionais do COI?

Para responder tal pergunta, afirma-se que o COI, fortalecido pelos recursos da face empreendedora e pela legitimidade proveniente do MO, por meio da face humanitária, após a Conferência Rio-92, posiciona-se e mantém-se na cena internacional como representante do esporte por meio da Agenda 21[1,2] e validado pela ONU em razão da Declaração do Milênio[3]. E mais: confirma sua presença na agenda das questões pertinentes ao desenvolvimento sustentável. Por outro lado, a face multiplicadora – o MO – tem a sustentabilidade ainda, prioritariamente, no discurso; e a face empreendedora, por meio dos jogos, adiciona à sustentabilidade uma nova dimensão chamada legado (Quadro 3.1).

Dessa forma, o COI confirma Esty (2009) atendendo a pressões externas; entretanto, em virtude da dependência da trajetória, o COI contempla a Convenção no discurso e, na prática, realiza uma série de ações incrementais e pontuais que produzem uma aderência parcial à Convenção. Explica-se essa aderência parcial porque os componentes da dependência da trajetória – honra e moderação –, carregados para dentro da estratégia de influência e poder, que embebe a instituição desde sua fundação, fazem por acomodar novos temas, como sustentabilidade e desenvolvimento sustentável, a essa estratégia vigente e, assim, impedem a inovação organizacional e produzem ajustes incrementais.

---

[1] http://www.onu.org.br/rio20/img/2012/01/agenda21.pdf.
[2] http://www.olympic.org/Documents/Reports/EN/en_report_300.pdf.
[3] http://www.pnud.org.br/ODM.aspx.

Quadro 3.1 A Sustentabilidade nas Faces Institucionais do COI

Face Multiplicadora	Face Humanitária	Face Empreendedora
Controla o MO, mantendo a correlação de forças e garantindo a longevidade do MO	Se relaciona com as agências e organismos multilaterais	Atua no mundo dos negócios mimetizando uma firma que comercializa os jogos como uma franquia de ativos específicos e intangíveis
Essa face nasce junto ao esforço de estabelecer o COI como uma instituição internacional.	É legitimado pelo MO para representá-lo nessa esfera macro do poder	Fortalece as faces multiplicadora e humanitária devido ao volume de recursos que movimenta
Legitima a Face Humanitária	A pessoa jurídica de ONG respalda a presença nessa esfera	

Sustentabilidade nas Faces Institucionais do COI

Face Multiplicadora	Face Humanitária	Face Empreendedora
Inclui os principais temas na Carta Olímpica mas sua aplicação pelo MO encontra-se prioritariamente no discurso	É apontado como ator da paz mundial através da Educação para o Esporte. Em conjunto com a UNOSDP, é validado como ator do Desenvolvimento Sustentável na Declaração do Milênio. Elabora a Agenda 21 para o Esporte	Fomenta a criação de instrumentos de conformidade voluntários. Cria uma dimensão chamada legado. Inclui alguns quesitos referentes à sustentabilidade no contrato de franquia e no processo de seleção da cidade sede

Fonte: Elaboração Própria. Flores, Maureen (2012)

Essa aderência parcial é também explicada por North (1990) quando assevera que as informações, depois de assimiladas e transformadas em processo cultural, impactam a forma como as instituições evoluem e alimentam a *path dependence*.

Na Figura 3.1, apresentam-se os componentes de dependência da trajetória do COI; organizam-se as superposições que, no decurso do tempo, moldaram a instituição; e, ainda, destacam-se a chegada da questão ambiental – trazida pelo MO na face multiplicadora, pressionado pelo impacto ambiental dos Jogos de

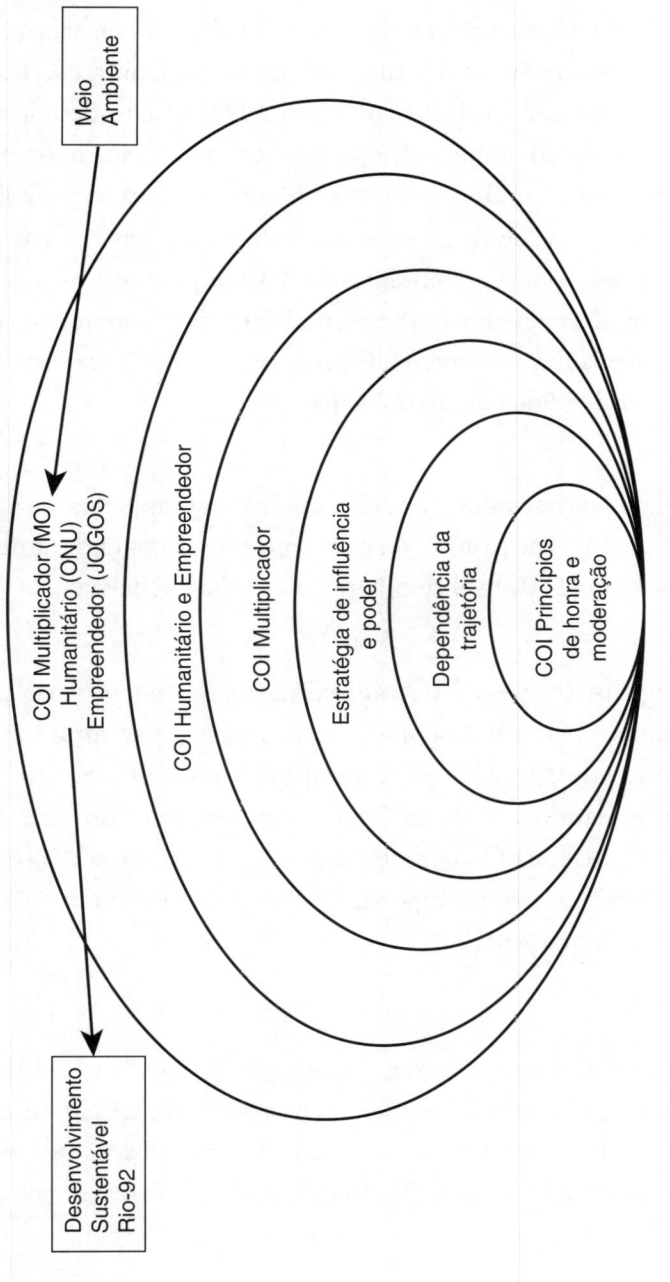

FIGURA 3.1 A sustentabilidade e a dependência da trajetória no COI.

Fonte: Elaboração Própria. Flores, Maureen (2012)

Albertville – e a resposta institucional do COI, por meio da face humanitária, na Conferência Rio-92 quando se posiciona como representante, não somente do MO, mas do esporte.

A adesão do COI à Convenção da Sustentabilidade, com presença na Rio-92, é ratificada após breve intervalo entre sua participação na Conferência e a primeira edição dos jogos "verdes" de Lillehamer, em 1994. O fato demonstra não só o protagonismo da questão ambiental, mas também a capacidade de resposta da instituição à pressão externa. O tema meio ambiente já estava na agenda do COI; assim, no Anexo I, resume-se como essas questões foram tratadas nas sessões do COI ao serem trazidas pelos representantes do MO responsáveis pela organização dos Jogos de Albertville, cujo impacto ambiental despertou a atenção da sociedade. Nesse caso específico, a forma como o COI responde à pressão externa aderindo à Convenção pode ser dividida em quatro etapas:

1. o MO relata, nas sessões, as dificuldades vividas pelos organizadores dos Jogos de Inverno com o recrudescimento da agenda ambiental. O fato valida Esty (2009) sobre o papel da pressão externa;

2. o COI, legitimado pelo MO, aproxima-se do macroplano no qual já está legitimado pela ONU como um ator para a paz mundial por meio de sua agenda de educação para o esporte no âmbito do Olympic Truce[4]. O macroplano do meio ambiente, também liderado pela ONU, por meio do PNUMA, na Conferência Rio-92, dá ao COI a oportunidade de redigir a Agenda 21 para o esporte. O fato valida Freeman (2010) em sua proposta de voluntarismo;

3. com a Agenda 21 para o esporte, o macroplano estende ao COI uma nova competência – a do meio ambiente –, reiterando a crença em sua capacidade de multiplicar o conhecimento para além dos próprios limites: o MO e os jogos. O fato ratifica Drucker (1990) quanto a sua afirmação sobre a missão da ONG;

---

[4] http://www.olympictruce.org/

4. o COI responde aos atores do macroplano internalizando, pela Carta Olímpica[5], o desenvolvimento sustentável e o meio ambiente e ratificando dessa forma seu papel e o do MO e, ainda, realiza mudanças organizacionais incrementais interiorizando as novas questões em sua estratégia de poder e influência ratificando o voluntarismo de Freeman (2010).

Pela leitura anterior, infere-se que há um processo dinâmico entre MO e COI para a solução de conflitos quando eles transbordam as competências locais e que o COI, por meio da estratégia de poder e influência, responde ao MO por ações no plano internacional, enquanto os outros representantes do MO responderiam por ações no plano nacional. Nota-se também um tratamento diferenciado do COI em relação ao MO e aos jogos no que concerne à sustentabilidade: para o MO, o único compromisso é obedecer aos princípios da Carta Olímpica; para os jogos, o COI cria mecanismos voluntários de conformidade visando à estratégia de legado. Ambas as iniciativas são importantes e positivas, mas também insuficientes e de abrangência reduzida. Assim, o COI, quando não cumpre com seu papel de agente de mudança, restringe a própria atuação e, consequentemente, o papel do esporte no desenvolvimento sustentável.

Ao ver como a Convenção chega ao COI e o tratamento diferenciado que a instituição dá à sustentabilidade em suas faces, neste capítulo, investigam-se quais as respostas apresentadas pelo COI à Convenção. Na Figura 3.2, apresenta-se a hierarquia do desenvolvimento sustentável e da sustentabilidade no plano das instituições globais e das organizações e, ainda na Figura 3.3, do lado direito, o COI, em suas três faces, está posicionado na hierarquia; do lado esquerdo, destacam-se os planos de análise em que os temas relacionados com a sustentabilidade e o desenvolvimento sustentável instalam-se no COI, no MO e nos jogos.

Com base na Estrutura Analítica 3 a seguir, abordam-se a sustentabilidade e o desenvolvimento sustentável no COI em sua gestão interna, na governança e por face institucional.

---

[5] http://www.olympic.org/Documents/olympic_charter_en.pdf.

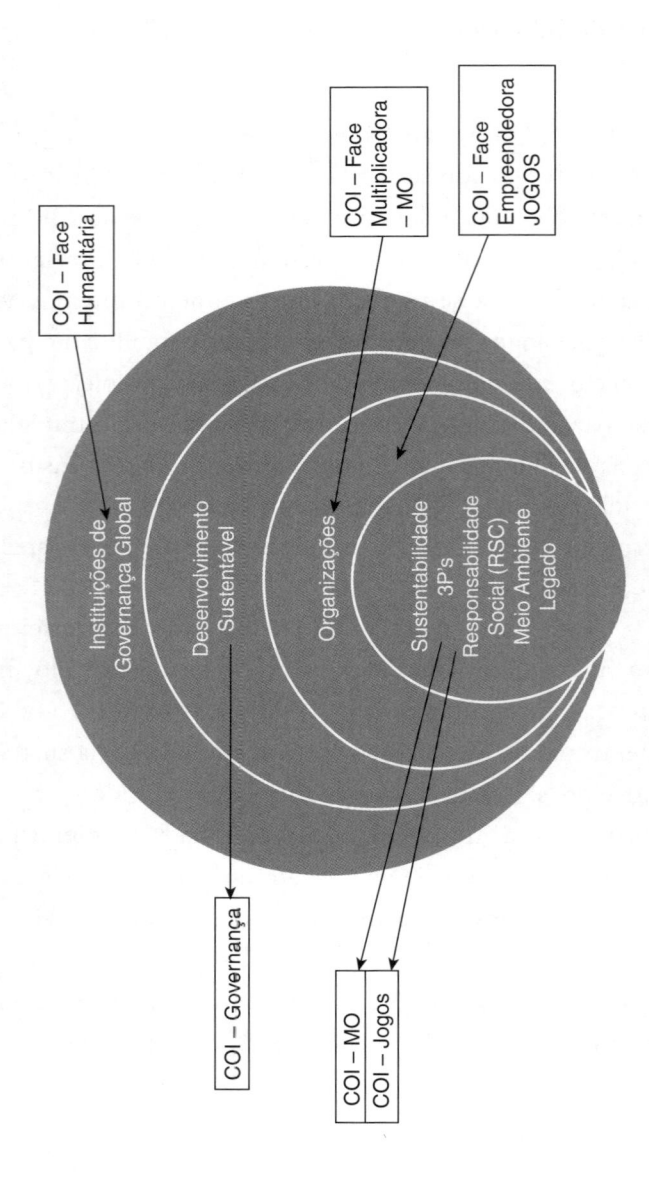

FIGURA 3.2 O COI e os jogos na hierarquia institucional da sustentabilidade e do desenvolvimento sustentável.

Fonte: Elaboração Própria. Flores, Maureen (2012)

FIGURA 3.3 Estrutura analítica.

Fonte: Elaboração Própria. Flores, Maureen (2012)

Sustentabilidade na Governança, Gestão e Administração do COI

De acordo com Chappelet (2008), somente em 2004, por causa da influência dos patrocinadores e da mídia norte-americana, e ainda de forma marginal, incluiu-se o termo "governança" na Carta[6]. Essa iniciativa condiz com a terceira onda de Elkington (1997) que assume o desenvolvimento sustentável como objeto de profundas mudanças na governança das corporações e no processo de globalização visando ao reposicionamento com foco na sociedade. Dessa forma, agrupam-se na Figura 3.3, os principais instrumentos institucionais da governança do COI que respondem a demandas da agenda internacional por desenvolvimento sustentável: a inclusão de princípios na Carta Olímpica, a Agenda 21, a Olympic Truce e a Declaração do Milênio, a publicação *Sports and Environment* e as Declarações assinadas durante a participação em conferências internacionais[7]. Sobre este último item, por limitação de escopo, listam-se aqui somente as três últimas Declarações: a de Doha, a de Beijing e a de Los Angeles. Quanto à comunicação da sustentabilidade, o documento Sustainability through Sport é o primeiro publicado sobre o tema. A seguir, no Quadro 3.2, explica-se a natureza desses documentos.

---

[6] Item 19.3.2.
[7] Considerando que, até o presente momento, realizaram-se 19 conferências sobre os temas meio ambiente, esporte para todos e mulher no esporte, optou-se por relacionar somente as Declarações assinadas na última edição de cada conferência.

Quadro 3.2 A Sustentabilidade e o Desenvolvimento Sustentável no COI

				Governança			
Olympic Charter	Olymic Truce	Agenda 21	Sports and Environment	Declaração do Milênio	Sustainability through Sport	Declaração de Doha	Declaração de Beijing	Declaração de Los Angeles

Fonte: Elaboração Própria. Flores, Maureen (2012)

Conforme abordado no Capítulo 3, a Carta Olímpica é o documento pelo qual o COI rege o MO. No que concerne à sustentabilidade, o documento expressa o compromisso da instituição com 12 temas de interesse para o assunto em questão que confirmam Chappelet (2008) em sua afirmação de que o COI define uma série de objetivos extremamente ambiciosos e idealísticos que se somam, no decurso do tempo: meio ambiente (item 13), legado (item 14), governança (item 1º), responsabilidade social (fundamento 2º do olimpismo)[8], educação dos jovens (item 1º), apoio a ações governamentais para a proteção do atleta (item 11), educação olímpica (item 16), promoção da mulher no esporte (item 7º), fomento à saúde (itens 8º e 9º), obrigação das FIs[9] no cumprimento dos objetivos da Carta Olímpica, vinculação dos objetivos com a missão do CON[10] que deverá promover o olimpismo por meio da educação, olimpismo como garantia da "prática do esporte como um direito de todos" (item 4º)[11].

A Olympic Truce (abordada no Capítulo 2) espelha a validação da ONU para o papel do COI na construção da paz mundial por meio da educação para o esporte. Com base nesse papel de ator da paz mundial, o COI, em 2010, em reunião da Assembleia Geral da ONU, ratifica os compromissos firmados no ano de 2000, durante a United Nations Millenium Summit, e, assim, não só revalida a importância da Olympic Truce, como adquire também a competência de ator do desenvolvimento sustentável com a UNOSDP, comunicando sua participação ativa no apoio aos objetivos do milênio destacando seus projetos voltados à educação através do esporte, igualdade entre os sexos e à erradicação de doenças, como HIV e malária. Note-se que a United Nations Millenium Summit é a conferência em que 189 nações firmaram um compromisso para perseguir o desenvolvimento sustentável, combatendo a extrema pobreza e outros males da sociedade. Esse compromisso – chamado Declaração do Milênio – resume-se em oito objetivos – Objetivos do Milênio – a serem atingidos até 2015: redução da pobreza, consecução do ensino básico universal, igualdade entre os sexos e autonomia das mulheres, redução da mortalidade infantil, melhoria da saúde materna, combate ao HIV/malária e outras doenças, garantia de sustentabilidade ambiental, estabelecimento de uma

---

[8] Committee, 2004.
[9] Página 52 da Carta Olímpica, art. 26, item 1.3.
[10] Página 53 da Carta Olímpica, art. 27, item 1º.
[11] Página 10 da Carta Olímpica. Fundamental Principles of Olympism, item 4º. Tradução livre do original em inglês: *The Practice of Sport Is a Human Right* (PAIVA, 2002).

parceria mundial para o desenvolvimento. É importante lembrar que a Declaração do Milênio é o documento que representa o maior esforço supranacional já feito pela mais alta esfera global em prol do desenvolvimento sustentável.

Na Agenda 21 para o esporte, elaborada em resposta à Conferência Rio-92, objetiva-se encorajar os membros do MO a desempenharem um papel ativo no desenvolvimento sustentável tendo como proposta um programa de ação baseado em três pilares – economia, sociedade e meio ambiente – que se desdobram em várias outras linhas e princípios (Quadro 3.3).

Quadro 3.3 Áreas de ação do Comitê Olímpico Internacional para a Agenda 21

Item	Melhorias das condições socioeconômicas	Conservação e gestão dos recursos naturais para garantir o desenvolvimento sustentável – DS	Consolidação do papel dos principais grupos de interesse
1	Os valores do olimpismo e suas ações a favor do DS	Metodologia para ações ambientais para o MO	Promoção do papel da mulher
2	Consolidação da cooperação internacional para o DS	Proteção a arenas e paisagens	Reconhecimento e promoção de minorias locais
3	Combate à exclusão	Arenas esportivas	Promoção do papel dos jovens
4	Mudança de hábito do consumidor	Equipamentos esportivos	
5	Proteção à saúde	Transporte	
6	Moradia e construção	Energia	
7	Integração dos conceitos do SD no esporte	Hospedagem e alimentação nos eventos esportivos	
8		Gestão dos recursos hídricos	
9		Gestão de resíduos	
10		Proteção à biosfera e à biodiversidade	

Fonte: International Olympic Committee, Guide on Olympic Legacy 5th updated Cycle post Vancouver Winter Games.

Entretanto na literatura sobre a Agenda 21 do esporte não se registra a existência de um programa de monitoramento para essas propostas e não se atribui responsabilidade, direta ou indireta, pela execução das propostas. Por exemplo: o compromisso "moradia e construção" poderia estar relacionado com a construção da Vila Olímpica, desenvolvida pela iniciativa privada ou pública, para a realização dos Jogos Olímpicos e, portanto, não seria de responsabilidade direta do COI nem do MO; o compromisso "energia" poderia ser um compromisso do COJO na realização dos jogos; já o compromisso "metodologia para ações ambientais do MO" seria de responsabilidade do COI. No tratamento dado à Agenda 21, reforçam-se os ensinamentos de Freeman (2010) quando trata do despreparo interno das organizações para lidarem com novos temas. Dessa forma, a Agenda 21 é implantada de forma pulverizada por diferentes stakeholders por meio de diferentes iniciativas que são realizadas sem monitoramento e sem comunicação à sociedade.

Assim, a relação entre os documentos Olympic Truce, Declaração do Milênio e Agenda 21 deve ser ressaltada. No primeiro, a ONU valida o COI como um ator da paz mundial em razão da educação para o esporte; no segundo, a ONU reconhece a importância do primeiro item e reafirma o COI e a UNOSDP, como atores do desenvolvimento sustentável por meio da educação para o esporte; no terceiro, a ONU, por meio do PNUMA, valida o COI como protagonista do esporte na construção do desenvolvimento sustentável pela implantação da Agenda 21 para o esporte, documento que não inclui a educação para o esporte. Pelo acima exposto, confirma-se a pulverização dos temas e papéis que o COI assume no macroplano do desenvolvimento sustentável.

O documento Sport and Environment[12] foi elaborado em parceria com o PNUMA, também em resposta a Rio-92 e seu conteúdo está voltado a sensibilizar a sociedade e o MO sobre a importância da qualidade ambiental para o esporte. Não há registro de adesão do MO à Convenção, assim como não há registro de que o COI tenha desenvolvido mecanismos compulsórios voltados a essa adesão. A pouca literatura existente mostra que há iniciativas espalhadas entre CONs e FIs que são realizadas de forma independente e, muitas vezes, relacionadas com a própria política nacional ou a natureza do esporte. Por exemplo: no caso da Alemanha, em que as questões ambientais têm maior peso em todos os segmentos da economia, o esporte também segue regras ambientais e sociais

---

[12] http://www.olympic.org/Documents/Commissions_PDFfiles/manuel_sport_environment_en.pdf.

mais rígidas; ou, ainda, no caso da Federação Internacional de Remo, atividade que, por estar diretamente impactada pela poluição das águas, faz com que sua Federação exija níveis mínimos de alguns parâmetros físico-químicos para a realização de provas internacionais.

Mais recentemente, em 2012, o COI participou da Rio+20, em que assumiu o compromisso com a economia verde e lançou a primeira peça de comunicação voltada para a sustentabilidade: o documento Sustainability through Sport[13]. Esse documento tem como base o compromisso firmado pelo COI e PNUMA por ocasião do desenvolvimento da Agenda 21 para o esporte e foi lançado pelas duas instituições após os Jogos de Londres 2012. No documento, agrupam-se as principais ações do COI em relação à sustentabilidade, listam-se e resumem-se os principais compromissos assumidos pelo COI e MO, mas não se definem metas e resultados esperados.

Declaração de Doha[14], firmada durante a 9.ª Conferência Internacional de Esporte e Meio Ambiente, em 2011, demanda da ONU a adoção, após a Conferência da Rio+20, das seguintes práticas: (1) adoção da visão de "esportes sustentáveis" e do esporte como atividade catalítica para o alcance da Meta 7 dos Objetivos do Milênio; (2) em conjunto com o COI, o engajamento de jovens na construção do desenvolvimento sustentável por meio dos Jogos Olímpicos da Juventude; (3) o MO deverá promover com governos a plataforma para o desenvolvimento sustentável; (4) o COI deverá fortalecer sua posição de observador na ONU e colaborar com todo o sistema da ONU e com as ONGs para favorecer o desenvolvimento sustentável.

Declaração de Beijing[15], firmada durante a 14ª Conferência Internacional do Esporte para Todos, em 2011, chama a atenção para as seguintes áreas: (a) importância da cooperação e da construção de parcerias; (b) acessibilidade de instalações desportivas e espaços públicos; (c) desenvolvimento e implementação da iniciativa "Esporte para Todos", assim como seus programas e projetos; (d) importância da utilização e da transformação de instrumentos em conhecimento.

---

[13] http://www.olympic.org/Documents/Commissions_PDFfiles/SportAndEnvironment/Sustainability_Through_Sport.pdf.
[14] http://ebookbrowse.com/gdoc.php?id=209336612&url=461f48f2e56fc3ec4865bbc1b8c0ede9.
[15] http://www.olympic.org/Documents/Conferences_Forums_and_Events/Sport_Culture_and_Education/Beijing_World_Forum_Resolutions-eng.pdf.

Declaração de Los Angeles[16], firmada durante a 5ª Conferência Internacional sobre a Mulher no Esporte, em 2012, estipula que o COI e todos os componentes do MO, em especial os CONs, as Federações internacionais e as nacionais devem garantir: (1) para 2012/2013 e todos os ciclos eleitorais futuros, a consecução de uma representação mais equitativa de seus Comitês Executivos; (2) a vinculação da igualdade de gênero à boa governança pelo MO deve ser adotada como política pelas organizações desportivas e amplamente divulgada; (3) o apoio à agenda internacional da igualdade de gênero e o empoderamento de mulheres e jovens; (4) aproveitamento da condição de observador permanente na ONU para contribuir para a realização dos objetivos do milênio, especialmente no que diz respeito ao desenvolvimento e empoderamento das mulheres; (5) estreitamento de parcerias de trabalho com a ONU e suas agências, compartilhando o trabalho do Comitê da ONU sobre o *status* da mulher, a fim de promover a própria agenda para a igualdade de gênero.

A análise dos documentos relacionados com a sustentabilidade e o desenvolvimento sustentável, internalizados na governança do COI, permite dizer que a Convenção está parcialmente interiorizada na instituição, mas o tema ainda se encontra sem estratégia definida, com superposições e com pouca transparência, ratificando-se, assim, Drucker (1990) e Chappelet (2008). Entende-se, também, que novos temas, incorporados na governança e levados pela face humanitária, foram absorvidos pela estratégia de influência e poder a qual, embebida da honra e da moderação trazida pela dependência da trajetória, favorece o discurso, embora retarde a ação estruturada, como observado abaixo:

(a) o primeiro documento Sustainability through Sport foi publicado após 20 anos da realização da Rio-92 e 13 anos após a ratificação da Agenda 21;

(b) apesar da participação do COI no macroplano do desenvolvimento sustentável e na agenda global das mudanças climáticas, a instituição não publica GEE;

(c) não foram encontrados planos de ação para o conjunto de compromissos assumidos pelo COI na Carta Olímpica, em inúmeras conferências, tratados e convenções internacionais;

---

[16] http://www.olympic.org/Documents/Commissions_PDFfiles/women_and_sport/Los-Angeles-Declaration-2012.pdf.

(d) não há registro de uma estratégia voltada a incentivar e monitorar a adesão do MO à Agenda 21 do esporte;

(e) o COI, com base na Agenda 21 para o esporte, posiciona-se na cena internacional como o representante do esporte no desenvolvimento sustentável, embora, ele seja de fato, de acordo com a ONU, um ator do desenvolvimento sustentável responsável por fomentá-lo por meio da educação para o esporte em conjunto com a UNOSDP.

A gestão do COI para sustentabilidade é analisada pela lente dos 3P's de Elkingon (1997, 2001), autor que o próprio COI utiliza em seu documento sobre legado. No Quadro 3.4, usam-se os 3Ps – sociedade, economia e meio ambiente – para retratar a fragmentação da sustentabilidade no COI, espelhada em várias comissões e diretorias que se relacionam, de forma direta ou indireta, com o MO (face multiplicadora) e com os jogos (face empreendedora). Note-se que a diretoria

Quadro 3.4 Comissões e diretorias do COI classificadas pelos 3Ps de Elkington

Pilar Econômico	Pilar Social	Pilar Ambiental
Comissões de Finanças	Comissão para Cultura e Educação Olímpica	
Comissão de Marketing		
Comissão de Filatelia, Numismática e Memorabilia	Comissão da Mulher no Esporte	Comissão de Esporte e Meio Ambiente
Comissão de Direitos Televisivos e Novas Mídias	Comissão do Esporte para Todos	
Comissão de Televisão e Rádio	Diretoria de Cooperação Internacional	
Comissão da Solidariedade Olímpica		
Diretoria de Finanças		
Diretoria de Marketing		
Diretoria de Solidariedade Olímpica		

Fonte: Elaboração Própria. Flores, Maureen (2012)

que trata diretamente dos jogos não está incluída entre aquelas que compõem os três pilares da sustentabilidade do COI, pois se entende que a diretoria seria de cunho operacional.

Eis as principais comissões e diretorias para a sustentabilidade: a Comissão de Esporte e Meio Ambiente, fundada em 1995, após a participação do COI na Rio-92, coordenadora da Conferência Esporte e Meio Ambiente e, ainda, do prêmio "Esporte e Meio Ambiente"; a Comissão e a Diretoria de Solidariedade Olímpica que repassam recursos ao MO; a Comissão e a Diretoria de Marketing e de Finanças que administram os recursos negociados pela face empreendedora.

O pilar econômico da sustentabilidade está representado, na estrutura do COI, nas comissões e diretorias com as quais se relaciona, de forma direta ou indireta, e com os stakeholders ligados às principais fontes de recursos arrecadados. O pilar social abraça as ações relacionadas com "Educação para o Esporte", "Sport for Hope" e "Educação Olímpica"[17]. A governança imposta pela RSC está representada, na estrutura organizacional, pela Solidariedade Olímpica responsável por repassar os recursos ao MO para a realização de projetos de cunho social. O pilar ambiental está, como o social, representado nas ações institucionais e na estrutura organizacional – comissão – que trata do assunto.

Quanto à administração do COI como organização, no que concerne à sustentabilidade, envolve infraestrutura física e compras. Quanto à infraestrutura, não há, na literatura, informação que aponte as instalações do COI como certificadas por algum tipo de sistema de gestão ou mesmo que tenha sido desenvolvido. Quanto à área de compras, apesar do recente compromisso assumido com a economia verde na Rio+20, em 2012, ainda não há uma política publicada sobre o assunto; entretanto, no que concerne a fornecedores, o site oficial do COI informa que são a Nike e a AUDI e, no documento Sustainability through Sport (IOC, 2012, p. 90), as ações voltadas para a economia verde, que atribui sustentabilidade à cadeia de suprimentos, não se mencionam esses fornecedores, e sim os patrocinadores e suas ações.

Entende-se, de acordo com Payne (2006), que, no COI, os contratos de fornecedores e patrocinadores parecem-se, pois ambos envolvem uma contrapartida em serviços e mercadorias; mesmo assim, embora patrocinadores e fornecedores possam muitas vezes participar de programas voltados para a sustentabilidade,

---

[17] Considerado com base no fundamento precípuo da Carta Olímpica, "Esporte como um Direito Universal".

destaca-se a dificuldade da investigação em razão da superposição de iniciativas e da ausência de políticas estruturadas que possam unir os vários canais de implantação da sustentabilidade evitando que algumas das maiores empresas do mundo tornem-se mais um fragmento do mosaico de ações do COI.

O Desenvolvimento Sustentável no COI: a Face Humanitária

A face humanitária está diretamente ligada à governança do COI. Seus principais stakeholders são: ONU, PNUMA (parte da ONU), Comissão Europeia, ONGs internacionais, governos e agências multilaterais. A lista não está em ordem de prioridade, entretanto a ONU é o stakeholder mais importante do COI e a principal fonte de pressão externa. A participação da instituição no macroplano do desenvolvimento sustentável é favorecida por sua dependência da trajetória de honra e moderação que facilita a articulação e o alinhamento entre essas partes interessadas (FREEMAN, 2010), fato que fortalece o papel do COI como representante do MO e o estende para representante do esporte.

As experiências bem-sucedidas, como a AMA e o TAE, demonstram que por meio do "voluntarismo" de Freeman (2010), como uma solução ao dilema do stakeholder, o COI utiliza sua dependência da trajetória de honra e moderação para construir o bem público. A construção do bem público, no caso da AMA e do TAE, é uma resposta da instituição à pressão exercida por patrocinadores e governos. Entretanto, no que concerne à sustentabilidade, na relação do COI com o PNUMA, apresentam-se iniciativas tímidas, aquém mesmo daquelas que o PNUMA costuma demandar de outros stakeholders. Entre essas demandas, cita-se o desenvolvimento de relatórios de GRI e GEE. A leitura das iniciativas desenvolvidas pela parceria COI/PNUMA e a ausência de instrumentos de comunicação publicados pelo COI, como GRI e GEE, que são correntes no discurso do PNUMA, permite inferir uma reverência institucional do PNUMA para o COI, mesmo sendo a ONU a mais importante fonte de pressão externa do COI.

Para o COI, a abordagem para a sustentabilidade está inserida na estratégia de influência e poder. As novas pressões respondidas pela face humanitária são internalizadas no COI em sua governança – por exemplo, pela assinatura de declarações e tratados – e, algumas vezes, são também representadas internamente, na gestão, com a criação de comissões.

Para encerrar essa face, ratifica-se Chappelet (2008) quando observa que o grande número de declarações e compromissos assumidos pelo COI em sua face humanitária obriga-o a garantir a contribuição do esporte no desenvolvimento sustentável. Acrescente-se ainda à afirmação de Chappelet (2008) que essa obrigação se deve não só ao grande número de compromissos assumidos, mas também ao número de comissões instituídas na gestão da organização para tratar desses temas.

A Sustentabilidade e a Face Multiplicadora

No que se refere à sustentabilidade, o MO legitima o COI a participar do macroplano das instituições internacionais como o representante do esporte e, por sua vez, o COI alimenta essa legitimidade por meio da solidariedade olímpica repassando recursos para projetos de natureza social.

Destaca-se, no contexto das ações para a sustentabilidade, o papel da Comissão da Solidariedade Olímpica e da Diretoria com o mesmo nome. O orçamento da Comissão para o plano quadrienal 2009-2012 é de US$311 milhões: o recurso advém do lucro da venda de direitos televisivos para os jogos da XXIX Olimpíada em Pequim e das receitas que foram estimadas para os XXI Jogos Olímpicos de Inverno em Vancouver, ainda acrescido de juros oriundos de investimentos realizados. O orçamento para 2010 de US$79.897.250 representa 25,7% do orçamento total. Seu principal objetivo é oferecer aos CONs um serviço de consultoria eficiente que proporcione acesso a recursos financeiros não reembolsáveis, técnicos e administrativos organizados por meio de três iniciativas: programas continentais, programas globais e programas de subsídios aos Jogos Olímpicos. Em geral, todos os programas tratam do esporte e de seu desenvolvimento no âmbito local; entretanto, nos programas globais e nos de subsídios, se encontram as ações para o meio ambiente e para a educação para o esporte as quais se consideram na ótica do pilar social da sustentabilidade. O Programa Global teve um orçamento de USD 36.555.000,00 e o seu componente "Promoção dos Valores Olímpicos", para os quais foram destinados USD 3.780.000,00 aproximadamente 10% do total, trata, entre outros, de alguns temas mais diretamente relacionados com a sustentabilidade. Para esses últimos foram destinados 81% dos recursos distribuídos entre 9% para meio ambiente, 17% para legado, 12% para mulher no esporte, 62% para temas voltados para a educação no esporte e na cultura olímpica.

Ainda relacionados ao interesse da sustentabilidade, mas sem números detalhados para melhor análise, encontram-se os Programas de Subsídios aos Jogos Olímpicos com dotação de US$9 milhões visando ao apoio a despesas de viagem que, em alguns casos, apoiam um projeto educacional e/ou cultural, como o desenvolvimento do "Campo da Juventude" durante o período da Olimpíada.

Em suma, os recursos da solidariedade olímpica para o plano quadrienal 2009-2012, no que concerne à sustentabilidade, apresenta-se como um afunilamento na distribuição dos recursos. No ano de 2010, aproximadamente 5% (USD 3.780.000,00) do total de USD 79.897.250,00 foram alocados em projetos diretamente relacionados com a sustentabilidade.

Mesmo ressaltando que os dados financeiros transferidos para os programas da Comissão estão disponíveis na internet, a transparência da Comissão é um processo ainda incompleto, pois o COI não controla a utilização desses recursos entre seus beneficiários (CHAPPELET, 2008).

Mais recentemente, criou-se o Programa Sport for Hope[18], envolvendo vários stakeholders, que foi apresentado como de grande potencial de impacto social positivo; seu objetivo é a construção de centros multifuncionais para esporte em países em desenvolvimento. A construção e o funcionamento desses centros são uma operação conjunta de diversos parceiros: o COI tem total controle durante a fase de construção; em seguida, repassa para o CON local a execução e a manutenção e continua a apoiar o funcionamento do Centro por intermédio da solidariedade olímpica; as FIs são envolvidas na construção e, depois, na fase operacional, envolvem as federações esportivas locais; o governo nacional participa da construção, funcionamento e manutenção; patrocinadores e doadores contribuem na operação e na criação de programas.

O primeiro Centro em Lusaka – Zâmbia, África –, inaugurado há dois anos, fornece competições esportivas, centros de treinamento e serviços de desenvolvimento comunitário voltados para a educação cívica e os serviços de saúde. Os objetivos finalísticos desses centros são: (1) dar aos jovens a oportunidade de praticar esporte; (2) oferecer aos atletas um treinamento moderno e profissional; (3) apoiar os técnicos e os administradores esportivos; (4) organizar competições esportivas; (5) criar um ponto de encontro para experiências compartilhadas na comunidade local; (6) oferecer programas educacionais em colaboração com a solidariedade olímpica; (7) prestar serviços de saúde. Construído a um custo global de USD

---

[18] http://www.olympic.org/Documents/Commissions_PDFfiles/sports-for-hope-brochure.pdf.

10.3 milhões, o Centro Africano é operado pelo CON da Zâmbia, com o apoio de governo, COI, federações nacionais e internacionais, patrocinadores e doadores.

No Centro de Lusaka, coube às FIs ajudar a desenvolver as instalações esportivas, oferecendo conhecimento técnico e assistência financeira. Eis as Federações Internacionais participantes: as de atletismo, basquete, boxe, halterofilismo, handebol, hockey. O Centro é dirigido por um conselho de sete membros de curadores (cinco representantes desportivos e dois do governo), e o COI concede certos direitos de uso de seus ativos intangíveis, como o uso dos anéis olímpicos, e, em troca, exige o cumprimento de determinados padrões de qualidade.

O Programa Sport for Hope sugere uma aproximação do COI e seus stakeholders da "empresa nativa" de Hart (1997), entretanto os dados disponíveis não são suficientes para uma confirmação. Com base no trabalho de Hart (1997), é possível afirmar que a "natividade" é um componente da sustentabilidade cuja função é a busca de diálogo com as partes interessadas estabelecidas na base da pirâmide social que anteriormente não teriam qualquer conexão com a organização. Dessa forma, o COI, como uma "empresa nativa", na visão de Hart, deveria estabelecer uma nova lógica de funcionamento, baseada em uma visão global que carece de rupturas e não apenas de melhorias contínuas. O Sport for Hope tem elementos da visão de Hart (2006), pois se apresenta como uma ruptura no tipo de projeto coordenado pela solidariedade olímpica; entretanto para que essa ruptura seja completa, o COI deveria adquirir uma competência – *native capability* – que romperia com sua dependência da trajetória, aproximando a instituição da sociedade, mas não há dados que comprovem tal ruptura.

Fechando esta parte do capítulo, mais uma vez ratifica-se Chappelet (2008) quando afirma que o COI é uma instituição com grande capacidade de multiplicação. Dessa forma, confirma a tese de que o COI, em virtude sua grande capacidade de multiplicação, deveria ter como mandatário o envolvimento do MO na internalização da Convenção, auferindo, monitorando, consolidando os resultados das ações realizadas e comunicando os resultados à sociedade, o que poderia ser feito com base na publicação do GRI.

A Sustentabilidade e a Face Empreendedora

A face empreendora é aquela que posiciona o COI no mundo dos negócios como o franqueador dos jogos com ativos intangíveis e específicos (WILLIAMSON,

1996). Os principais stakeholders do COI são os patrocinadores, as estações de TV, os fornecedores e as empresas responsáveis pelo licenciamento da marca e venda de ingressos. Entre os fornecedores e os patrocinadores do COI, encontram-se algumas das maiores empresas do mundo que sempre tão pressionadas pela opinião pública e por seus acionistas tornam a cada dia mais transparente suas adesões à Convenção da Sustentabilidade. Todas, sem exceção, têm estratégias voltadas à comunicação da sustentabilidade ou da responsabilidade social. Entretanto não há, no relacionamento dessas empresas com o COI, um compromisso formal que inclua estratégia e plano de trabalho para fomentar a aderência do COI à Convenção e a multiplicação, para os outros representantes do MO, das iniciativas realizadas em separado ou em conjunto. Na prática, constata-se que esses stakeholders não demandam do COI o mesmo grau de aderência que são obrigados a praticar. O fato não confirma o voluntarismo de Freeman (2010), pois não foram encontrados dados que comprovem a existência de práticas dirigidas à gestão de stakeholders para a sustentabilidade.

Mesmo sem compromissos formais com seus stakeholders para a sustentabilidade, o COI, para os Jogos do Século XXI, desde 2002, busca definir e garantir um legado positivo para sua principal atividade[19]. A mensagem de legado nasce inspirada no sucesso de Barcelona-1992 com a transformação urbana, no fracasso de Atlanta-1996 com a descaracterização do evento causada pelo excesso de comercialização, na consolidação da agenda ambiental, na má repercussão das remoções que acontecem nas cidades-sede onde populações menos favorecidas são retiradas de suas casas para dar passagem a obras olímpicas e, ainda, nos déficits orçamentários das cidades-sede.

Para a instituição, o termo "Legado" implica uma ideia de longo prazo e é utilizado como positivo em oposição ao termo "impacto", considerado negativo. Nesse contexto, negativo seria a existência de débitos pós-jogos (como Montreal-1976), desemprego e arenas subutilizadas (elefantes brancos). A existência de legado exige a construção de uma visão que se inicia na candidatura da cidade e cujo resultado deverá ser visível após os jogos de forma a permanecer para gerações futuras. Há cinco categorias de legado: sociedade, economia e meio ambiente – os três pilares de Elkington (1997) – acrescidos de esporte e meio urbano.

---

[19] Olympic Legacy Guide. 5ª ed. Post Vancouver 2010, p. 25-134.

A proposta institucional do COI para a construção do legado está representada no desenvolvimento de instrumentos voluntários e na introdução do conceito de "legado" na seleção da cidade-sede (o que será analisado no Capítulo 5 sobre jogos). Abaixo se descrevem os principais instrumentos voluntários desenvolvidos pelo COI para a construção do legado:

1. Olympic Games Impact (OGI)

2. GRI Event Organizers Sector Supplement (EOSS)

3. Norma ISO 20121

O OGI foi concebido para mensurar e comunicar o legado, tendo sido desenvolvido pelo COI para acompanhar o trabalho dos COJOs e stakeholders locais. O documento recomenda o desenvolvimento de uma base de dados que permita a produção de 126 indicadores de monitoramento cuja função é acompanhar, em relação aos jogos, as condições econômicas, sociais e ambientais da cidade-sede/região/país, antes, depois e durante os jogos. Há 80 indicadores de contexto local e 46 indicadores de eventos os quais visam a: medir o impacto geral dos jogos; ajudar as cidades e os futuros COJOs a maximizarem os benefícios dos jogos; e criar uma metodologia entre jogos passível de comparação.

Ainda sobre o OGI: cada COJO deve apresentar uma série de quatro relatórios (linha de base, pré-jogos, jogos e pós-jogos). O período de avaliação do impacto estende-se por 12 anos; o relatório "Linha de Base" deverá ser produzido dois anos antes da seleção da cidade-sede e o "Pós-Jogos", três anos após a realização do evento. O OGI, na prática, não é obrigatório, consta como sugestão no Caderno de Candidatura para 2020 e até agora somente Vancouver 2010 implantou-o por completo; o relatório Pré-Games de Londres 2012[20] não incluiu todos os indicadores; Sochi 2014[21] e Rio de Janeiro 2016 ainda não publicaram seus relatórios. Na verdade, são muitas as dificuldades do COJO para implantar 126 indicadores, pois o projeto depende de verba, da existência e disponibilidade de dados, de parceria com a Academia e com governos, de investimento em tecnologia para apuração e

---

[20] http://www.uel.ac.uk/geo-information/documents/UEL_TGIfS_PreGames_OGI_Release.pdf.
[21] http://sochi2014.com/en/legacy/ecology/appeal/.

tratamento de dados, da cultura local de produzir informação, da transparência etc. Ainda é cedo para avaliar o OGI, porque a primeira série de dados dos Jogos de 2010 é única. Entretanto o instrumento, apesar das dificuldades de implantação, é uma iniciativa que merece o acompanhamento da sociedade, principalmente da Academia, que poderá ser a fonte de acompanhamento da sustentabilidade dos jogos ao redor do mundo.

O Event Organizers Sector Supplement (EOSS) do GRI[22] foi desenvolvido para ser usado por qualquer organizador do evento ou por quaisquer organizações envolvidas na gestão de um evento. O Global Report Initiative é uma ONG que nasce para atender à dificuldade das empresas em comunicar suas iniciativas de sustentabilidade tanto para seus acionistas como para a sociedade em geral. Seu escopo de atuação foi criar um conjunto de regras e/ou instruções que norteia não só a construção do relatório, mas que também permite, por meio de indicadores, o acompanhamento das iniciativas no decurso do tempo. Em suma, as regras criadas para a comunicação das iniciativas permitem que todas as organizações meçam e relatem seus desempenhos quanto à governança, à economia, ao meio ambiente e à sociedade. Sem dúvida, essa é a estrutura de relatórios de sustentabilidade mais utilizada no mundo.

O EOSS é um suplemento do GRI, mais precisamente do GRI G3.1, o qual provê instruções para comunicação da sustentabilidade. Nesse complemento específico, abordam-se, além das instruções já estabelecidas como indicadores de desempenho e de outras voltadas para a sustentabilidade, outras questões-chave para os organizadores de evento, como seleção do local, transporte, recrutamento e seleção da força de trabalho, voluntários e participantes, fornecimento de materiais, suprimentos e serviços, gestão do impacto sobre comunidades, meio ambiente e economia, planejamento e gestão de legado, acessibilidade. Esse suplemento apresenta uma estrutura que permite aos organizadores do evento fornecer informações qualitativas e quantitativas sobre seu desempenho, abrangendo todo o ciclo de vida do projeto que se inicia com o planejamento, seguido de execução e da fase pós--evento. Esta versão amplia as diretrizes do GRI, em seu capítulo G3.1, desde o início de seu desenvolvimento, em que foi apoiada pelo COI que proveu recursos financeiros e participou do conselho consultivo com os representantes de alguns

---

[22] https://www.globalreporting.org/resourcelibrary/EOSS-G3.1-SummaryGuide-QRS.pdf.

COJOs. Não há registro de que o COI irá aplicar o EOSS em seus eventos institucionais, como conferências, e também ainda não há registro de obrigatoriedade do uso do EOSS pelos COJOs e outros atores do MO. Quanto ao GRI, destaca-se que, sendo uma prática consolidada entre grandes empresas, a possibilidade de que eventos, em empresas que os organizam, possam ter acesso ao mesmo instrumento é de importância decisiva para a contribuição desse setor da economia para a sustentabilidade.

A Norma ISO 20121[23] é um sistema de gestão concebido para ser utilizado por empresas que produzem eventos e que estejam interessadas em normalizar e certificar suas práticas organizacionais, utilizadas para realizar atividades, produtos e serviços necessários à realização de um evento. Aplica-se a Norma à empresa organizadora e não ao evento e poderia ser descrita como uma especificidade, de natureza complementar, em outras Normas de Qualidade, como ISO 9001. Sua aplicação, como todos os sistemas de gestão, requer que algumas alterações sejam feitas nas rotinas da empresa, pois a Norma requer que as atividades, produtos e serviços atendam a determinado padrão. A Norma não especifica quais questões de sustentabilidade deverão ser gerenciadas pela organização ou quais níveis de desempenho deverão ser atingidos: seu objetivo é exigir que, na organização, vigore um processo transparente, por meio do qual sejam avaliadas, sistematicamente, as questões relevantes de sua operação. Assim, é a organização que estabelece seus objetivos e suas metas de melhoria.

A Norma ISO 20121 foi desenvolvida com o apoio do COI e do COJO de Londres e dita os processos de gestão para eventos sustentáveis, inaugurando a possibilidade de certificação de processos para empresas organizadoras de megaeventos. O interesse da ISO, organização multilateral responsável pela criação e harmonização da normalização de produtos e serviços na economia global, demonstra a força econômica do setor de eventos e seu impacto nas economias locais.

A Norma ISO 20121 e o EOSS do GRI são complementares. A Norma estabelece os processos do sistema de gestão; a organização, as áreas e as metas de melhoria em seu escopo de sustentabilidade, enquanto o EOSS dá transparência à comunicação dessas metas.

---

[23] http://www.iso20121.org/

Conclusão

Neste capítulo, dá-se transparência às respostas do COI à Convenção da Sustentabilidade. O argumento é que o COI, fortalecido pelos recursos da face empreendedora e pela legitimidade proveniente do MO, por meio da face humanitária, após a Conferência Rio-92, posiciona-se e mantém-se na cena internacional como o representante do esporte, por meio da Agenda 21, e valida-se pela ONU, por meio da Declaração do Milênio, confirmando sua presença na agenda das questões pertinentes ao desenvolvimento sustentável. Por outro lado, a face multiplicadora – o MO – tem a sustentabilidade ainda, prioritariamente, no discurso; e a face empreendedora, por meio dos jogos, adiciona à sustentabilidade uma nova dimensão, chamada legado. O COI, confirma Esty (2009), atende a pressões externas; entretanto, em razão da dependência da trajetória, o COI contempla a Convenção no discurso e, na prática, realiza uma série de ações incrementais e pontuais que produzem uma aderência parcial à Convenção. Essa aderência parcial é explicada, porque os componentes da dependência de trajetória, honra e moderação, carregados para o âmago da estratégia de influência e poder, que embebe a instituição desde sua fundação, fazem por acomodar novos temas, como sustentabilidade e desenvolvimento sustentável, a essa estratégia vigente e, assim, impedem a inovação organizacional, produzindo ajustes incrementais.

A pesquisa demonstra que há uma grande lacuna no relacionamento das grandes empresas patrocinadoras com o COI no que concerne à sustentabilidade. Também se demonstra que, mesmo incrementais, iniciativas e ações voltadas para a sustentabilidade estão presentes na governança, na gestão da instituição e na coordenação dos jogos. Citam-se, como exemplos das melhorias incrementais implantadas pelo COI:

- a assinatura de declarações sem planos de trabalho;

- a criação da Comissão de Esporte e Meio Ambiente que organiza conferências e premia destaques internacionais;

- a internalização, pela antiga comissão de Solidariedade Olímpica, de alguns temas referentes à sustentabilidade, que transfere recursos para projetos na área que não são monitoramentos nem consolidados para que se possa auferir a contribuição do esporte no desenvolvimento sustentável;

- a inclusão dos princípios da sustentabilidade na Carta Olímpica sem o desenvolvimento de instrumentos com critérios e indicadores que visem à conformidade;

- a criação de instrumentos voluntários para gestão do legado dos jogos;

- o baixo peso dado a questões ambientais na escolha da cidade-sede e a falta de interdisciplinaridade na abordagem do tema.

No capítulo, demonstra-se, entre outras coisas, que, na face humanitária, o papel do COI para o meio ambiente iniciou-se com a elaboração da Agenda 21 para o esporte; entretanto, para o desenvolvimento sustentável, de acordo com a determinação da ONU, o COI é um ator responsável por fomentá-lo por meio da educação para o esporte em conjunto com a UNOSDP. Essa leitura mais atenta não faz parte da literatura encontrada a qual, normalmente, apresenta o COI como o protagonista do esporte para todas essas agendas. Ainda nessa face, o COI não publica nenhum relatório de comunicação, como GRI ou GEE e, portanto, dá às suas ações pouca transparência e nenhuma abordagem sistêmica. Na face multiplicadora, os projetos do MO, financiados pelo COI, não são monitorados, e o único compromisso imposto ao MO é a obediência aos princípios da Carta Olímpica, um documento aberto composto por princípios sobrepostos. Para a face empreendedora, o COI cria mecanismos voluntários de conformidade com o COJO visando à estratégia de legado. De maneira geral, depreende-se da leitura que as iniciativas da face humanitária priorizam o discurso e não a prática, que o protagonismo do COI no MO não é utilizado para fomentar a sustentabilidade e que os instrumentos desenvolvidos na face empreendedora são uma proposta de adesão voluntária do COI ao COJO, em situação em que o próprio COI não adere a instrumentos já consagrados, como GRI e GEE.

Não há dúvida de que o COI respondeu à Convenção da Sustentabilidade. Sua participação na Rio-92 foi uma resposta à pressão externa executada na forma de voluntarismo ao desenvolver a Agenda 21 para o esporte, ao incorporar os novos temas à Carta Olímpica e ao desenvolver instrumentos de conformidade com o COJO. Mesmo considerando que as novas demandas tenham se acomodado na instituição de forma incremental, restritas por *path dependence*, não se pode negar que há um grau de aderência. Contudo, a escalada do COI como protagonista de temas globais na esfera supranacional cria uma imagem institucional que sugere um grau de aderência à Convenção que ainda não se materializou.

Ainda sobre voluntarismo, como visto no Capítulo 2, constata-se que o COI, sob pressão externa, foi ao encontro do bem comum, mesmo ao caminhar ao encontro do próprio interesse, praticando o voluntarismo quando as respostas exigidas não ofereciam impacto direto à instituição: esse fato repete-se também no que concerne à sustentabilidade. Os instrumentos desenvolvidos na face empreendedora para o legado dos jogos são um bem comum, pois são de grande importância para o setor de eventos e, em particular, os indicadores do OGI, se adotados, permitiriam um acompanhamento de longo prazo do impacto dos jogos. Entretanto, na face multiplicadora, infere-se que a inexistência de iniciativas mais efetivas que fomentem a adesão do MO à Convenção seja consequência da ausência de pressão externa e de rotinas internas que possam atender a essa demanda. Em outras palavras, no que concerne à sustentabilidade da face multiplicadora, como não houve pressão externa, consequentemente não houve voluntarismo.

Referências

CHAPPELET, J.L. *Global Institutions: the International Olympic Committee and the Olympic System*. New York: Routledge, 2008.

DRUCKER, P. *Managing the NonProfit Corporation: Practices and principle*. New York: Haper Collins, 1990.

ELKINGTON, J. *Cannibals with Forks: The Triple Bottom Line of 21st Century Business*. Oxford: Capstone Publishing, 1997.

_____. *The Chrysalis Economy: How Citizen CEOs and Corporations Can Fuse Values and Value Creation*. Oxford: Capstone Publishing, 2001

ESTY, D.C.; WINSTON, A. *Green to Gold: How Smart Companies Use Environmental Strategy to Innovate, Create Value, and Build Competitive Advantage*. New Jersey: Wiley & Sons Inc., 2009.

FREEMAN, R. *Strategic Management*. New York: Cambridge Press, 2010.

NORTH, D. Economic Performance through Time. *American Economic Review*, vol. 3, p. 359-367, 1994.

_____. Winter Institutions. *Journal of economic Perspectives*, vol. 1, p. 97-112, 1991.

_____. *Institutions, Institutional Change and Economic Performance*. Cambridge: Cambridge Press, 1990.

PAYNE, M. *A virada olímpica*. Rio de Janeiro: Casa da Palavra, 2006.

WILLIAMSON, O. The Theory of the Firm as Governance Structure: from Choice to Contract. *The Journal of Economic Perspectives*, vol. 3, p. 171-195, 2002.

_____. *The Mechanisms of Governance*. New York: Oxford University Press, 1996.

ANEXO

Breve Histórico sobre a Chegada do Tema Meio Ambiente nas Sessões do COI

Dezembro 1984[24] – O presidente da Federação dos Esportes de Inverno alerta sobre os impactos ambientais.

Outubro 1986[25] – O arquiteto Pedro Ramírez Vázquez comenta a importância do respeito ao meio ambiente na construção do Museu Olímpico e reafirma o alerta de 1984 sobre conflitos com ambientalistas no que concerne aos jogos e parabeniza o COI por facilitar nas cidades o uso do maior número de arenas já existentes.

Fevereiro 1988[26] – O prefeito de Calgary, no Canadá, reafirma o nascimento e a força do movimento ambiental e informa que um dos projetos que envolvia a intervenção em área frágil seria aprimorado.

Setembro 1988[27] – O presidente do Comitê Organizador dos Jogos de Inverno de Albertville (França) informa que as construções voltadas aos esportes *cross-country* levaram em consideração as opiniões dos ambientalistas; a primeira-ministra da Noruega, Mrs. Brundtland, com sua equipe, apresenta a candidatura de Lillehammer e afirma que não haverá problemas com ambientalistas para a construção de arenas, pois os habitantes da cidade, que tinha neve a metade do ano, acreditavam que as novas instalações seriam utilizadas por todo o país.

Setembro1990[28] – (1) O Comitê Organizador de Albertville apresenta os problemas ambientais que a Organização dos Jogos encontrou para montagem dos Jogos de Inverno 1992; (2) a cidade de Toronto apresenta sua candidatura aos Jogos de 1996 e reafirma a importância das questões ambientais para o país; (3) um membro do COI, H. E. Mr. Keita, considerando as críticas que o COI vinha recebendo sobre o impacto dos jogos, propõe que medidas para evitar a destruição ambiental devam ser tomadas.

---

[24] 89th session of the International Olympic Committee Lausanne, 1-2 december 1984, annex 6; report by Mr. Marc Hodler, president of the International Assembly of Winter Sports Federations (iawsf).
[25] 91eme session du Comité International Oympique. Lausanne, 12-17 octobre 1986.
[26] 93rd session of the International Olympic Committee. Calgary, 9-11 February 1988.
[27] 94th session of the International Olympic Committee, Seoul, 13-16 September 1988.
[28] 96th session of the International Olympic Committee, Tokyo, 17-20 September 1990.

Junho 1991[29] – (1) Integra o meio ambiente como um subtema da Agenda do Congresso de Celebração do Centenário do COI e o diretor geral ratifica a importância dessa Agenda a qual reflete as considerações das cidades candidatas – Lillehammer e Nagano; (2) O presidente do Comitê Organizador de Lillehammer comunica a preocupação ambiental da primeira-ministra e informa que as ações nessa área estarão sob seu comando direto; (3) As cartas de protesto contra a candidatura de Nagano são apresentadas, e o representante nacional, Mr. Yoshida, informa que esse movimento não é conduzido por ambientalistas e que as demandas não são possíveis de serem atendidas.

Fevereiro 1992[30] – (1) O Comitê Organizador dos Jogos de Lillehamer apresenta o seu trabalho conjunto com o Ministério de Meio Ambiente da Noruega e comenta sobre sua contribuição para a dimensão ambiental do MO no futuro; (2) Os responsáveis pela organização do Comitê do Congresso Centenário informam que o meio ambiente deixaria de ser um subtema para tornar-se um tema – "Esporte e meio ambiente" – de forma a dar destaque à matéria.

Julho 1992[31] – (1) O Presidente do Comitê Organizador dos Jogos de Inverno de Albertville relata as dificuldades encontradas com ambientalistas na organização dos jogos e afirma que não há mais possibilidade de realizá-los sem levar em consideração seu impacto na natureza; (2) O Comitê de Albertville assevera que todos os Comitês Organizadores devem considerar a questão ambiental em suas candidaturas e que o tema é vital para o futuro; (3) O Comitê de Lillehamer aponta o meio ambiente como tema principal de sua edição dos jogos Games with a Green Profile e afirma que as arenas se beneficiarão do design, da arquitetura e da proteção ambiental; (4) O diretor de Marketing do COI apresenta uma ação com a CNN Olympics – IOC and the Environment.

---

[29] 97th session of the International Olympic Committee
Birmingham, 13-16 June 1991. Themes Of The Centennial Olympic Congress
   Theme I: The Olympic Movement's Contribution To Modern
   Society
     A. Olympism, its ethic and its structures
     B. Olympic sport and the environment
     C. The future of the Olympic Games
     D. The Olympic Movement and international understanding
[30] 98th session of the International Olympic Committee Courchevel, 5-6 February 1992.
[31] 99th session of the International Olympic Committee Barcelona, 21-23 July 1992.

Setembro 1993[32] – (1) O Comitê Organizador de Lillehamer informa que optou por não enfrentar, mas sim se aliar aos grupos ambientais e, desde então, as partes têm cooperado em várias ações prioritariamente no que concerne ao replantio de árvores; (2) O presidente do Comitê Organizador dos Jogos de Pequim, ao ser arguido sobre as ações ambientais chinesas, garante o total compromisso da China nas questões ambientais.

Fevereiro 1994[33] – (1) O diretor geral afirma que vários progressos foram feitos em relação ao meio ambiente e aos Jogos Olímpicos e que um ambientalista (não foi citado o nome) seria contratado para prover *inputs* visando futuras ações; (2) O grupo afirma que os Jogos de Lillehamer trouxeram para o mundo olímpico a dimensão ambiental.

---

[32] 101st session of the International Olympic Committee. Mônaco, 21-24 set. 1993.
[33] 102nd session of the International Olympic Committee. Lillehamner, 8-10 fev. 1994.

CAPÍTULO **4**

Participação da Sociedade para a Sustentabilidade dos Grandes Eventos Esportivos: O Papel dos Conselhos Municipais de Turismo

Joaquim Rubens Fontes Filho

Thays Venturim Guimarães

Resumo

A governança das instituições e dos grandes eventos esportivos tem ganhado expressiva atenção nos últimos anos, principalmente devido aos megaeventos que irão acontecer no Brasil. Um dos focos das discussões e argumentos para a importância destes eventos tem sido o seu legado para as cidades-sede. No entanto, muitas vezes, decisões são tomadas sem que a sociedade, maior interessada na aplicação dos recursos públicos e no legado a ser deixado, seja envolvida nas discussões, no planejamento e nas decisões quanto aos eventos. Este capítulo centra-se na importância do envolvimento da sociedade nesta discussão. Para tanto, apresenta-se a possibilidade de integração por meio dos Conselhos de Turismo, como órgãos que mantêm uma discussão constante sobre os rumos dos investimentos e projetos no setor e que podem contribuir também para estes eventos. Ao analisar os papéis que podem ser desempenhados por estes conselhos, identificam-se, neste capítulo, as possibilidades de incorporar a participação da sociedade e melhorar a própria dinâmica de funcionamento e efetividade desses conselhos.

Introdução

As manifestações de rua iniciadas no Brasil em junho de 2013 tiveram como motivação inicial a redução dos custos das passagens de ônibus, todavia rapidamente outras demandas foram expressas pelos manifestantes. Dentre elas, certamente uma que encontrou maior adesão foi a do questionamento quanto à organização no Brasil da Copa do Mundo de Futebol em 2014. Assim, foram abordadas as construções de estádios, o uso de recursos públicos, a transparência das informações relativas à organização do evento. De fato, e sem desconsiderar as inúmeras teorizações e explicações sobre esse fenômeno, é possível identificar nesses movimentos uma expressão do anseio da sociedade em ampliar sua participação na vida política nacional, à semelhança do que ocorre em diversos outros países.

Uma breve revisão histórica da organização e funcionamento da administração pública e do papel do Estado permite identificar, ao longo dos últimos 100 anos, distintos movimentos que respondem aos anseios da sociedade nos momentos específicos. Assim, a rejeição ao patrimonialismo motivou a ascensão das regras, formalismos e impessoalidades da burocracia. Mais adiante, a partir da década de 1980, a visão processualística e autorreferenciada dos modelos burocráticos provocou questionamentos sobre sua capacidade de atender com eficiência às expectativas da sociedade, principalmente quando comparada aos níveis de crescimento e organização da iniciativa privada. A Nova Gestão Pública surgiu como contraponto à burocracia, priorizando a melhoria na eficiência da "caixa preta" do aparelho estatal, consolidando, todavia, o distanciamento entre a formulação da política e a atuação do servidor.

Mais recentemente, é possível identificar na fluidez dos fluxos de informação, na formação de novas comunidades virtuais apoiadas pelo crescimento do uso da internet, na proliferação dos canais de discussão e, certamente, na priorização da justiça social dentro da hierarquia de valores da sociedade as forças que impulsionaram a pressão por mudanças. A democracia representativa se viu desafiada pelo interesse e a capacidade – trazida pelos instrumentos de comunicação virtual – de participação da sociedade, discutindo os problemas e trazendo soluções, apontando a necessidade de fortalecimento das estruturas democráticas participativas.

Seguindo outra perspectiva, podemos observar que, internacionalmente, a própria sociedade buscou se organizar, para pensar e agir. O crescimento das organizações da sociedade civil é notável nos últimos anos, como expresso pela existência de mais de 290 mil fundações privadas e organizações sem fins lucrativos registradas no país (IBGE, 2012).

Esse elevado número de organizações da sociedade civil permite analisar também que há multiplicidade de interesses envolvidos e muitas vezes com baixa convergência. Semelhante ao que ocorre no mercado privado, no qual a customização permitiu o fortalecimento das identidades e a destinação de produtos e serviços a gostos específicos e individualizados, as demandas pela atuação do Estado se fragmentaram e multiplicaram. Cada vez mais se torna difícil a um Estado hegemônico e monolítico compreender e responder à pluralidade dos interesses e demandas. O Estado em rede, articulador nas forças da iniciativa privada e da sociedade para atender às demandas desta última, desponta então como novo paradigma da ação estatal, naquilo que Osborne (2006) denomina como a Nova Governança Pública.

É possível, portanto, inserir as manifestações de rua nesse novo contexto, marcado pela participação mais atuante da sociedade, rompendo a lógica mercado-estado na resposta às expectativas da sociedade. Além da participação, outros conceitos marcam esse momento, como *accountability*, responsividade, transparência e equidade. Mas materializar essa maior articulação estado-sociedade não é trivial, uma vez que exige a criação de instâncias e canais adequados e legitimados, capazes de viabilizar essa interação.

De fato, a Constituição Federal (CF) de 1988 tanto reconheceu a importância de uma democracia participativa, ao propor em seu artigo 14 o plebiscito, referendo e iniciativa popular como mecanismos de exercício da soberania popular, como nominou instâncias de participação, identificadas como os Comitês Gestores de Políticas Públicas[1].

Nesse sentido, instâncias regionais de participação e representação tornaram-se frequentes, principalmente no âmbito das prefeituras, a exemplo de conselhos municipais de educação, cultura, transportes e turismo. Esses conselhos, atuando de forma consultiva, normativa, deliberativa ou de assessoramento, tipicamente congregam representantes tanto da esfera pública quanto de organizações privadas e da sociedade para discussão e apresentação de propostas em temas relevantes à área. Os Conselhos Gestores de Políticas Públicas figuram, portanto, como uma das principais ferramentas para promover essa integração entre sociedade e governo.

Retomando o tema inicial das manifestações e os questionamentos relacionados com a Copa do Mundo de 2014, argumentamos que a participação da sociedade nas discussões sobre os grandes eventos esportivos é importante para garantir os benefícios, controlar o dispêndio de recursos públicos e minimizar impactos negativos que tais eventos possam gerar para a cidade-sede.

Com a iminência da realização desses eventos no país, é comum justificar os gastos públicos em obras de infraestrutura e nos espaços e equipamentos esportivos alegando que haverá retorno em geração de empregos, entrada de divisas, promoção da imagem do país (e das cidades, consequentemente) e melhoria na infraestrutura básica e mobilidade urbana, entre outros quesitos. Um dos setores que mais profundamente será impactado pelos megaeventos esportivos é o setor de Turismo, com o aumento no número de estabelecimentos de hospedagem, empregados no setor, e melhoria na infraestrutura geral destinada a receber o público do evento e, posteriormente, espera-se gerar o incremento permanente no número de turistas que visitam o país em decorrência da geração de mídia espontânea.

---

[1] Além desta norma genérica, vários artigos da Constituição de 1988 preveem a participação do cidadão na gestão pública, seja através da *participação da comunidade* no Sistema Único de Saúde e na seguridade social (art. 198, III e art. 194, VII); seja como, "participação efetiva dos diferentes agentes econômicos envolvidos em cada setor da produção" (art. 187, *caput*). E ainda, nos casos da assistência social e das políticas referentes à criança e ao adolescente onde a participação da população se dá "por meio de organizações representativas" (art. 204, 22). http://jus.com.br/artigos/19205/a-participacao-popular-na-gestao-publica-no-brasil.

Este capítulo desenvolve a argumentação que os Conselhos Municipais de Turismo, já instalados e atuantes em diversos municípios brasileiros, sejam vistos como instâncias de governança que podem promover a participação da sociedade no planejamento e gestão dos megaeventos, ajudando em sua sustentação e na negociação de seus impactos. Ou seja, o fortalecimento dos Conselhos Municipais de Turismo pode facilitar a negociação e estruturação dos grandes eventos turísticos no país, tendo em vista os inúmeros impactos, positivos e negativos, que esses eventos trazem à população. Cabe destacar que, embora tenham sido constituídas comissões especiais especificamente para a gestão dos eventos, a exemplo dos comitês organizadores no âmbito das Secopas (Secretarias Extraordinárias para a Copa) instauradas nas cidades-sede do evento, o papel dos conselhos como órgãos permanentes de articulação e histórico de formação da confiança entre as partes permanece fundamental para o sucesso na participação.

Na segunda seção deste capítulo, trazemos à discussão os Conselhos Gestores de Políticas Públicas, apresentando seu processo de constituição e analisando a importância de sua atuação no envolvimento da sociedade, por meio de seus representantes, nas discussões sobre projetos e políticas públicas.

Em seguida, na terceira seção, são discutidos os Conselhos Municipais de Turismo, suas principais características e limitações, tratando principalmente das questões de participação e legitimidade como órgão de articulação das demandas da sociedade nesse setor. Além disso, nesta seção, são discutidos principalmente os papéis desempenhados por esses conselhos: para além das considerações do papel formal, são apresentados resultados de pesquisa que buscou aprofundar com membros de alguns conselhos atuantes no Brasil suas considerações sobre os papéis reais desempenhados pelos conselhos. Com base nesses resultados, são exploradas as possibilidades de seu envolvimento como instância de formulação, condução e avaliação dos megaeventos.

A quarta seção toma como referência as discussões anteriores e os papéis formais e reais desempenhados pelos Conselhos Municipais de Turismo para questionar qual deveria ser o melhor papel desse órgão, tendo como referência a realização de megaeventos.

São inúmeros os impactos que podem advir dos megaeventos, tanto positivos quanto negativos. Problemas de trânsito, carestia, choque cultural, e superpopulação mostram facetas negativas que devem ser consideradas frente aos benefícios da exposição positiva da localidade na mídia internacional, da melhoria na infraestrutura, da difusão do esporte ou outros aspectos associados ao evento que são ponderados pela população.

Diante disso, é discutida também a importância da participação do órgão na articulação das contribuições associadas à realização desses megaeventos, ou seja, o legado que estes eventos podem deixar para as cidades-sede.

Assim, a seção discute como os Conselhos de Turismo podem ter um papel ativo na interlocução da sociedade com os órgãos estatais e privados e os promotores dos megaeventos.

Por fim, na última seção, são trazidas as considerações finais e apontados desafios para melhorar a efetividade desses conselhos, ampliar a participação da sociedade especialmente nas políticas públicas em turismo, e apresentados também questionamentos e propostas a novos estudos.

Conselhos Gestores de Políticas Públicas (CGPP), Participação e Envolvimento da Sociedade

Existem diversos formatos de instituições participativas capazes de promover o debate entre gestor público e cidadãos. Um dos mais difundidos e analisados ao longo das duas últimas décadas têm sido os Conselhos Gestores de Políticas Públicas, por seu caráter legal, representativo e, em muitos casos, deliberativo, que visa levar a sociedade representada à posição de decisão sobre projetos, políticas e aplicação dos recursos.

A Assembleia Nacional Constituinte que elaborou a Constituição de 1988 respondeu aos anseios por participação da sociedade na atuação do estado determinando o atual modelo dos Conselhos Gestores de Políticas Públicas (CGPP) como órgãos colegiados de representação do Governo e da sociedade em setores como educação, saúde, assistência social e previdência social. Portanto, é com a nova constituição que esses grupos são reconhecidos formalmente como parte do processo de governança pública.

Dentre as funções propostas para o CGPP cabe destacar sua atuação como canal de comunicação entre sociedade e governo e de monitoramento da gestão pública, de modo a promover a sua transparência e a participação no processo decisório. O caráter consultivo ou deliberativo dos conselhos é garantido por meio do instrumento jurídico de sua criação – ainda que isso não garanta sua efetividade no acompanhamento, controle, ou mesmo nas decisões (KLEBA *et al.*, 2010). A difusão na constituição dos CGPP nos estados e municípios pode ser explicada pelo fato de ter se tornado uma condição obrigatória para o recebimento de recursos do governo federal, como ocorre em áreas voltadas a políticas sociais, como saúde e educação.

Segundo a Controladoria Geral da União – CGU (2008, p. 21), "os conselhos são instâncias de exercício da cidadania, que abrem espaço para a participação popular na gestão pública". Nesse sentido, os conselhos podem ser classificados conforme as funções que exercem, sendo tipificadas as funções de fiscalização, de mobilização, de deliberação ou de consultoria. Devem atuar no controle e acompanhamento das atividades dos governantes, favorecer a participação popular na gestão pública, participar de decisões estratégicas em sua área de atuação, tanto de maneira deliberativa como consultiva, contribuindo para o desenvolvimento do setor que representam.

Apesar de possuírem diversas características em comum, como a composição paritária entre representantes da sociedade e do poder público, os CGPP podem se diferenciar por alguns fatores, dentre os quais o nível de vínculo com a administração pública – o conselho pode ser federal, estadual ou municipal, ou integrar vários níveis federativos – e o setor e o tipo de política sobre o qual atuam – conselho de política social (saúde, educação, assistência social), ligados a interesses específicos e áreas econômicas (meio ambiente, defesa do consumidor, patrimônio histórico cultural, desenvolvimento urbano, turismo), ou representantes de grupos específicos da sociedade, como crianças e adolescentes, idosos, mulheres. Nesse sentido, tais fatores podem ter influência sobre a forma como os conselheiros serão selecionados, a motivação para participação, ou mesmo a complexidade dos temas discutidos pode ser diferente.

A atuação dos CGPP deve estar orientada pela interação e participação da sociedade na política pública. Milani (2008) destaca três níveis de análise sobre a atuação de instituições participativas: no primeiro nível, a participação promove o controle sobre a qualidade dos serviços prestados; no segundo nível, expressa as prioridades sobre os bens públicos para o futuro; e finalmente, no terceiro nível, a participação assume o papel de estimular o surgimento de espaços para a formulação de políticas locais.

Nesse sentido, o papel dos conselhos não se limita às funções de controle e fiscalização. O conselho precisa atuar nas decisões quanto a projetos, políticas e quanto ao melhor uso do recurso. De forma geral, para que o órgão possa efetivamente contribuir para um melhor alcance e eficácia de uma política, deve ser capaz de discutir seu conteúdo, seus objetivos, suas estratégias e prioridades, assim como o público ao qual se destina (RAICHELIS, 2000).

Apesar da importância do conselho como instância de participação, deve ser considerado que essa participação não se manifesta sem que um arcabouço de condições e incentivos seja articulado, como discutido por autores como Olson (1971), Ostrom (1990) e Elster (1989). Os custos da participação não são triviais, e problemas como o *free rider* (efeito carona) e o autointeresse dos agentes são muitas vezes difíceis de contornar e podem representar barreiras à legitimidade dos conselhos, ao inibirem a participação.

Teixeira (2000) defende que o papel dos conselhos envolve uma avaliação dos atos e decisões do poder público, comparando com parâmetros estabelecidos, e que não deve se restringir apenas à fiscalização ou ao mero acompanhamento de suas atividades. Em alguns casos, o que acontece é que o papel do conselho passa a se pautar na legitimação das decisões do governo, com pouca participação ou influência – os conselheiros escutam mais do que falam. Alguns autores identificam que a falta de preparo por parte dos conselheiros pode favorecer este papel, conforme destacado por Gonh (2000):

> Apesar de a legislação incluir os conselhos como parte do processo de gestão descentralizada e participativa, e constituí-los como novos atores deliberativos e paritários, vários pareceres oficiais têm assinalado e reafirmado o caráter apenas consultivo dos conselhos, restringindo suas ações ao campo da opinião, da consulta e do aconselhamento, sem poder de decisão ou deliberação. [...]. Nos municípios sem tradição organizativo-associativa, os conselhos têm sido apenas uma realidade jurídico-formal, e muitas vezes um instrumento a mais nas mãos dos prefeitos e das elites, falando em nome da comunidade, como seus representantes oficiais, e não atendendo minimamente aos objetivos de controle e fiscalização dos negócios públicos [p. 179].

Em seu trabalho sobre o controle social dos Conselhos Gestores, Gurgel e Justen (2012) destacam, ao avaliarem a experiência de três conselhos nas áreas de Saúde e Assistência Social, a distância entre a forma como o controle social tem sido exercido nos conselhos e o que consta em lei. Concluem que os conselhos acabam se tornando aparelhos do Estado, com os mesmos problemas das demais instituições públicas ao se institucionalizarem.

Nos espaços de participação, embora atores não governamentais sejam eventualmente consultados sobre as políticas e apresentados aos seus resultados, sua real participação no processo de decisão acaba não acontecendo (MILANI, 2008). Assim, essa participação pode, na realidade, estar contribuindo para dois objetivos importantes, de trazer transparência e consulta às demandas da sociedade, mas pode não contribuir para assegurar a legitimidade da construção das políticas baseadas no interesse coletivo, uma vez que os atores envolvidos não conseguem exercer sua função deliberativa em uma relação falha de "parceria" com o poder público.

Portanto, apesar do potencial dos conselhos em promover a participação social no processo de planejamento e controle do uso dos recursos públicos, podendo influenciar diretamente em sua aplicação, por meio da elaboração de políticas, alguns fatores podem atrapalhar ou mesmo impedir sua atuação neste sentido. Há um risco de que os conselhos se burocratizem e caiam em uma rotina e que determinados conselhos, com atribuição legal de deliberar sobre os recursos e programas a serem executados, não exerçam essas funções (SANTOS, 2000).

A falta de preparo por parte dos conselheiros é outro fator apontado por alguns autores como um dos empecilhos à sua atuação (BONFIM, 2000), assim como falhas na articulação entre o conselheiros e aqueles que representa, uma vez que muitas vezes há pouco retorno das informações ao debate com as entidades representadas. Gurgel e Justen (2012) identificaram que as ações dos conselhos não são de conhecimento da sociedade em geral, e atribuem este fato à ausência de ferramentas de comunicação e divulgação de suas atividades, como revistas e páginas eletrônicas. De acordo com os autores, a falta de publicidade pode gerar uma falha de representatividade por parte dos conselhos, na medida em que a população desconhece sua função e os resultados de sua atuação.

O contexto no qual foi criado pode estar relacionado com o papel que desempenha, visto que muitos conselhos foram criados a partir de uma exigência para receber recursos federais. A ausência de uma mobilização por parte da sociedade para a criação do conselho como canal de controle da sociedade sobre as políticas pode, em alguns casos, significar a desmotivação para participação.

Dados analisados por Santana (2011) em seu trabalho sobre os conselhos de educação e saúde mostram que o fato de existir ou não um conselho não garante que haverá um menor número de problemas ligados à aplicação de recursos, mas que, quando estes conselhos são realmente efetivos – e exercem suas funções deliberativas e de fiscalização – mostram-se como importantes ferramentas para reduzir a corrupção e promover uma gestão pública mais eficiente.

Diante disso, faz-se necessário discutir os papéis desempenhados pelos conselhos na prática, a fim de ampliar o debate sobre a contribuição destas instâncias para a melhoria da gestão pública e para a efetiva participação da sociedade nas políticas.

O Papel dos Conselhos Municipais de Turismo (CMT)

Este capítulo se propõe a debater os mecanismos e arranjos que podem promover a participação do cidadão, entre outros grupos de interessados expressivos (stakeholders), no planejamento e gestão dos megaeventos esportivos que estão para acontecer no país. De forma geral, propomos analisar como fazer para que os cidadãos possam opinar e decidir sobre os rumos dos investimentos e projetos públicos ou de grande impacto na vida social. Na seção anterior foi discutido o papel dos CGPP como articuladores dos interesses da sociedade e stakeholders impactados mais diretamente pela ação do Estado. Buscamos focar agora a atenção em um conselho que, por sua atribuição implícita, pode contribuir de forma efetiva na promoção dos debates, propostas e considerações sobre os legados dos megaeventos esportivos: os Conselhos Municipais de Turismo (CMT).

Inicialmente é necessário destacar que as cidades-sede da Copa do Mundo de 2014 já instalaram comitês organizadores para discutir os rumos dos projetos relacionados com este evento e integrar a sociedade civil no âmbito das Secretarias Extraordinárias para a Copa do Mundo 2014 (Secopas). Entretanto, em que pese a importância desses comitês, fundamentais para a coordenação executiva de megaeventos em geral, eles não podem substituir a participação da sociedade nas políticas construídas segundo bases contínuas e permanentes.

As teorias de participação nos mostram que os custos de participar e a distribuição homogênea dos benefícios auferidos – uma vez que quem não participa captura os mesmos benefícios sem incorrer nos custos envolvidos na participação – estimulam exatamente a abstenção ou o distanciamento. Apenas a continuidade da experiência da participação, com a constituição da rede social entre os envolvidos, o fortalecimento da confiança mútua e o compartilhamento das normas de cooperação (ELSTER, 1989) asseguram uma participação efetiva e duradoura. Em outras palavras, a participação se constrói com a continuidade do "jogo" (AXELROD, 1984).

Assim, seja por razões de efetividade, seja por legitimidade, a participação deve ser construída de forma constante e permanente. Ainda que sejam criados grupos específicos para a coordenação de grandes eventos, deve haver a integração destes grupos com instituições que estejam em constante discussão sobre as diferentes políticas de desenvolvimento para as localidades.

Dentro desta ótica, destacamos os Conselhos Municipais de Turismo (CMT) como instância adequada para funcionar como lócus de convergência das expectativas dos stakeholders envolvidos nos megaeventos e para assunção de compromissos associados aos legados. Argumentamos que os CMTs têm características que lhes habilitam a essa função. Em primeiro lugar, por serem os eventos uma das atividades de maior interesse e envolvimento do turismo, no qual os conhecimentos na área se mostram determinantes. Em segundo lugar, porque reúnem em sua composição representantes de diversos setores da sociedade, iniciativa privada e terceiro setor, o que tende a diversificar o debate e promover as discussões que resultem em soluções capazes de atender à sociedade como um todo. Uma terceira característica é contemplar o envolvimento de setores econômicos diretamente relacionados com os megaeventos, setores esses que serão impactados e cuja atuação irá trazer significativa influência sobre o resultado dos megaeventos, como hotelaria, Convention & Visitors Bureaux, organizadores de eventos, restaurantes, instituições de ensino, além de órgãos de segurança, trânsito, ação social, que em muitos casos também fazem parte desses conselhos.

O ponto central dos argumentos é que, dentro desses espaços, a sociedade civil organizada, que já está envolvida no debate político sobre a atividade turística e os temas diretamente relacionados, precisa fazer parte também destas decisões. Para tanto, destacamos que isso só será possível se o conselho em questão desempenhar um papel estratégico dentro do desenvolvimento das políticas para o setor no município ou mesmo na região onde atua, ponto que abordaremos a seguir.

Ressaltamos que, para uma atuação efetiva dos CMT, seu papel deve ter um caráter estratégico na vida política da cidade, na convergência dos interesses dos stakeholders, nas escolhas dos objetivos, na definição de estratégias, no monitoramento da gestão pública. Caso contrário, pode servir apenas para uma representação simbólica. É necessário então avaliar a capacidade de ação estratégica dos CMT ora constituídos, a fim de verificar eventuais dissonâncias entre o papel esperado e aquele efetivamente desempenhado, pensando em formas de suprir lacunas. Cabe responder à questão: os CMT estão conseguindo atingir o propósito de controlar e deliberar sobre as políticas públicas, ou tornaram-se apenas novas instituições burocráticas sem força política?

Em recente trabalho sobre o tema, investigamos a atuação e os papéis desempenhados nos CMT por meio de entrevistas com conselheiros de oito conselhos (GUIMARÃES, 2013). Nesse trabalho, percebeu-se que nem sempre é possível garantir que as discussões realizadas no âmbito dos conselhos culminem em decisões sobre os rumos das políticas voltadas para o desenvolvimento do setor. Em alguns casos, questões relacionadas com os problemas políticos e com a dependência da gestão pública para o funcionamento do conselho, com a ausência de interesse por parte dos membros, e com a descontinuidade das ações e frequência das reuniões dos conselhos impedem que a sociedade consiga influenciar as políticas públicas e podem fazer dos conselhos meros instrumentos burocráticos para referendar as decisões que partem de cima, do poder público.

A pesquisa realizada teve como referência as análises realizadas por Cornforth (2003) para os papéis dos conselhos na governança de organizações públicas e do terceiro setor no Reino Unido, a tipologia apresentada por Hung (1998) para conselhos em geral, e as descrições de Fontes Filho (2012) que aborda também os papéis dos conselhos em empresas, mas traça paralelos úteis para análise desses papéis aplicáveis ao caso dos Conselhos Gestores de Políticas Públicas, principalmente por lidar com os paradoxos associados à coexistência de múltiplos papéis. O Quadro 4.1 os apresenta, bem como as principais características desempenhadas pelos CMTs conforme identificadas no trabalho de Guimarães (2013).

Dentre os quatro principais papéis identificados na amostra de conselhos investigada destaca-se o conselho com papel estratégico. Trata-se do conselho que de fato participa das decisões e aprova políticas, o que exige de seus membros uma articulação entre poder público, iniciativa privada e associações de classe, a fim de que sejam traçadas estratégias que atendam ao interesse comum, rumo ao desenvolvimento do setor. Além disso, o conselho estratégico tem maiores chances de garantir a continuidade das políticas de turismo, na medida em que estas não dependem da postura do gestor público, pois já há uma política institucionalizada, pela qual o conselho é corresponsável.

Quadro 4.1 Papéis desempenhados por Conselhos Municipais de Turismo

Estratégico	Democrático	Assessor/Consultor	Simbólico
▪ Participa da tomada de decisão (delibera)	▪ Participa das discussões sobre as políticas	▪ Opina sobre as políticas elaboradas pelo governo	▪ Recebe as decisões já tomadas
▪ Decide sobre a aplicação do recurso público	▪ Reivindica anseios da sociedade	▪ Fornece informações e pareceres especializados para ao gestor público	▪ Endossa decisão do gestor público
▪ Fiscaliza ações do governo	▪ Sua opinião é exposta, mas não é determinante	▪ Sua opinião é requisitada e considerda, mas não é determinante	▪ Na maioria dos casos, não emite opinião, ou é favorável às ações do governo
▪ Sua opinião é determinante			

Fonte: Elaboração própria, adaptado de GUIMARÃES (2013)

Além disso, verificou-se que o conselho com este papel acaba desempenhando ainda sua função fiscalizadora de forma mais ativa. Isso acontece, pois, quando o conselho participa da decisão, se sente parte da política e responsável por ela, e a cobrança e fiscalização quanto às ações do governo é maior.

A pesquisa mostrou que é o papel estratégico mais adequado no sentido de garantir a eficácia da atuação do conselho, assim como é o papel mais difícil de ser desempenhado, tema que será mais explorado na seção seguinte.

Outro papel identificado na pesquisa foi o democrático. O conselho com este papel serve como fórum de participação, discussão e reivindicação dos representantes do setor. A pesquisa aponta que este é o papel mais frequente entre os Conselhos de Turismo analisados, na medida em que os membros entendem a importância do conselho como canal de participação, entretanto enfrentam dificuldades em conseguir influência direta nas políticas, atuando com poder de decisão, como faz o conselho de papel estratégico.

O terceiro papel identificado na atuação real dos conselhos investigados na amostra foi o de assessor/consultor. Sua principal característica é servir como organismo de consulta para o governo, que pode ou não agir de acordo com sua opinião. A pesquisa evidenciou que muitos conselhos de Turismo, por serem compostos por representantes da sociedade, especialistas no setor em distintas áreas – como empresários, representantes de associações de classe e de instituições de ensino – acabam sendo consultados como fontes de informação e opinião para os projetos do governo, devido ao seu conhecimento e experiência sobre assuntos em suas áreas de atuação, ainda que sua opinião não seja necessariamente a decisão final.

Finalmente, o quarto papel identificado refere-se ao conselho simbólico. O conselho com este papel enfrenta barreiras em sua atuação, não consegue impor sua posição e acaba atuando apenas como endossador das decisões do poder público que, por sua vez, encaminha para a apreciação do conselho apenas políticas já prontas ou decididas. Infelizmente, não é um papel raro de ser identificado, tanto em Conselhos de Turismo como nos conselhos de outras áreas.

Ao questionar os entrevistados em relação ao papel que justificou a criação dos conselhos, a pesquisa identificou que havia, na maioria dos relatos, a expectativa de que estes pudessem orientar as políticas voltadas para o desenvolvimento da atividade turística, definindo prioridades e aprovando projetos, reivindicar ações e levar necessidades e anseios dos atores ao poder público e fazer pressão sobre o governo.

Apesar de a maior parte dos conselhos analisados possuírem caráter deliberativo instituído pela lei ou instrumento de criação, na prática observou-se que menos da metade dos conselhos investigados conseguiam exercer um papel estratégico relacionado com o desenvolvimento do turismo nos municípios, ainda que a maioria dos entrevistados possuísse consciência em relação ao papel desempenhado pelo conselho e demonstrasse entender sua importância como instrumento de participação da gestão pública e na reivindicação das necessidades do setor perante o governo.

Alguns fatores apontados nos resultados podem explicar as dificuldades enfrentadas pelos conselhos: a dependência da atuação do gestor público para a convocação de reuniões; a presidência do conselho nas mãos do gestor público – que favorece o surgimento de hegemonia gerencial e dificulta a tarefa de controlar e monitorar a gestão; a ausência de ferramentas de comunicação do conselho com seus representados e com os demais atores da sociedade.

Os dados obtidos pela pesquisa em questão apontam que fatores como a realização de reuniões regulares e frequentes, e um número adequado de membros nos conselhos (não muito alto) contribuem significativamente para que estes possam exercer o papel mais próximo ao estratégico.

Além disso, a pesquisa apontou uma relação direta entre o resultado da atuação do conselho e a motivação do membro, no sentido que a motivação aumenta na medida em que suas proposições são aceitas e postas em prática; e diminui, quando os conselheiros não conseguem observar resultados de sua participação.

Dessa forma, entende-se que o conselho que atingiu um estágio de amadurecimento capaz de exercer um papel minimamente participativo e idealmente estratégico pode contribuir muito para o planejamento e a gestão dos megaeventos esportivos que serão realizados no Brasil, bem como para potencializar o legado destes eventos.

Como Pensar a Contribuição dos Conselhos de Turismo na Organização dos Megaeventos?

Megaeventos têm como característica, além de obviamente suas dimensões e impactos diretos nos setores relacionados com eles, trazer inúmeras externalidades à sociedade ou região que os abriga. Sua ocorrência gera inúmeros custos e benefícios para aqueles não envolvidos nas atividades.

Megaeventos envolvem grande número de atores, muitas vezes com interesses e objetivos diferentes ou conflitantes. Dentre esses atores, a população é, sem dúvida, um dos mais interessados, conforme destaca Preuss (2006). O autor ressalta ainda que sediar um megaevento exige grandes investimentos por parte do setor público em setores como melhoria da infraestrutura geral da cidade e nas instalações esportivas, assim como estamos vendo acontecer no Brasil neste momento.

Tais investimentos, por seu caráter público, envolvem uma gama de atores interessados, sendo que alguns deles irão se beneficiar, como as organizações privadas e instituições esportivas, enquanto outros podem se sentir prejudicados, como a sociedade. Soma-se a isso o fato de que, conforme revela a história, não há uma expectativa de que os financiamentos dos eventos tenham um retorno nas mesmas proporções (PREUSS, 2006).

No caso da realização da Copa do Mundo de 2014 e dos Jogos Olímpicos de 2016, as cidades-sede estão recebendo grande aporte de recursos privados e governamentais para melhoria da infraestrutura, dos estádios, aeroportos, sinalização turística, formação de pessoal, entre outros. Mas, juntamente a esses benefícios, vêm o aumento de preços em geral, problemas de trânsito e grande afluxo de pessoas.

Como as reivindicações trazidas pelas manifestações populares de junho de 2013 evidenciaram, nem todos são favoráveis aos megaeventos e muitos questionam a prioridade na alocação de investimentos públicos frente a outras demandas sociais, tais como saúde e educação.

Utilizando a perspectiva da análise dos stakeholders (DONALDSON & PRESTON, 1995; MITCHELL, AGLE & WOOD, 1997) há um amplo conjunto de interessados ou impactados pela realização dos megaeventos, com distintos graus de legitimidade, poder e urgência por soluções. É conveniente, portanto, que seja estabelecido um fórum que permita compreender e negociar as condições para realização dos megaeventos.

Outra questão fundamental envolvida nas justificativas para os investimentos dos megaeventos se refere ao seu legado para as cidades-sede. Dentre os potenciais benefícios de sediar um megaevento esportivo, Preuss (2006) destaca: aumento da atividade econômica; geração de postos de trabalho, divulgação do potencial de investimento e atividade comercial da região; criação de novos alojamentos e atrações turísticas; melhoria na infraestrutura; investimentos e incentivos para as atividades esportivas; aumento do orgulho local e do espírito de comunidade.

Contudo, devemos considerar que nem todos os impactos gerados pela realização desses megaeventos são positivos. Preuss (2006) alerta para os impactos negativos que podem decorrer da realização dos megaeventos esportivos, dentre os quais destacamos: aumento de preços durante o evento; especulação imobiliária; estimativa inadequada de custos; sobre-endividamento; imagem negativa do local, resultado de instalações inadequadas, crime ou preços inflacionados; danos ecológicos; danos ao patrimônio; superlotação; instalações não utilizadas ou subutilizadas; alterações na estrutura da comunidade; deslocamento social; brechas para corrupção. Alguns desses impactos já podem ser percebidos nas cidades-sede da Copa de 2014, em particular a especulação imobiliária.

Diante deste quadro, defendemos que uma maior participação da sociedade pode ampliar os impactos positivos e ajudar a evitar ou diminuir os impactos negativos. Para tanto, argumentamos que a utilização dos Conselhos de Turismo configura-se como a instância mais adequada para essa articulação, sem prejuízo de formação de outras instâncias executivas ou deliberativas já constituídas, a exemplo dos comitês organizadores das cidades-sede.

Estes conselhos, por terem a legitimidade para atuar com a função de articulação das expectativas dos stakeholders na área de turismo – que, por sua natureza multifacetada, envolve uma multiplicidade de setores correlatos –, e pelo histórico de sucesso no funcionamento que apresenta em inúmeros municípios, evidenciam as condições adequadas para essa função.

Com base nesse pressuposto, e nas análises anteriores sobre o papel desempenhado na prática por esse conselho, discutimos a seguir variáveis que devem se apresentar de forma mais robusta na sua atuação, elaboradas em torno de um papel ideal proposto. A questão que se coloca é: quais os atributos necessários para um CMT efetivo, capaz de permitir a participação, mas também ser estratégico na articulação e elaboração de propostas capazes de organizar adequadamente os atores e conduzir o monitoramento da implementação e gestão das consequências (legado)?

O trabalho realizado anteriormente (GUIMARÃES, 2013) permitiu concluir que o papel estratégico é o que mais se adéqua aos objetivos da participação da sociedade nas políticas públicas, na proposição e no monitoramento das ações. Ressalta, contudo, que o exercício de múltiplos papéis pode ser necessário, por questões contingenciais ou eventualmente em momentos específicos da formulação ou implementação das políticas públicas, apesar de possíveis conflitos, na prática, entre esses papéis.

Como visto, a construção de um vínculo social e de uma continuidade no processo participativo tende a garantir os benefícios e diminuir os custos da participação.

Os resultados da pesquisa anterior reforçam esse argumento, visto ter sido demonstrado que os conselhos cujo papel se aproxima mais do estratégico são os que possuem reuniões frequentes e regulares, e que atingiram certo grau de amadurecimento e experiência de participação. Diante disso, uma das propostas que apresentamos é que este seja um dos principais fatores a ser atendido para que os conselhos representem instâncias eficazes – a criação de uma rotina e de compromisso com o CMT, por meio da regularidade nas reuniões, de funções definidas para os membros, a fim de que se sintam responsáveis pelas políticas e pelo rumo do desenvolvimento do setor.

Além disso, reforçamos o argumento de que os CMT são instâncias ideais para promover a participação nas discussões sobre os megaeventos esportivos, na medida em que existe uma regularidade e eficácia de participação já instaurada, que favorece o sucesso da participação. Criar novas instituições exige um esforço maior para promover o engajamento e a compreensão dos participantes quanto ao processo de participação.

Outra proposta para a atuação eficaz dos conselhos visa reduzir o efeito de fatores identificados por Guimarães (2013) como inibidores, qual seja, o controle exercido no CMT pelo gestor público, decorrente do fato de este ocupar a presidência do conselho, ou por sua atribuição (ou poder) para a convocação de reuniões. Diante disso, propomos que os conselhos busquem ao máximo, em sua atuação, a independência de agentes do setor público – ainda que representantes deste setor façam parte de sua composição e sejam fundamentais –, a fim de que sejam reconhecidos e se reconheçam como instância independente. Para tanto, ações que garantam seu funcionamento não vinculado a espaços públicos, e que mantenham equilíbrio na liderança dos conselhos, que idealmente deve ser presidido por representantes da sociedade, mostram-se como alternativas viáveis.

Outro apontamento identificado na pesquisa como inibidor de uma atuação efetiva do CMT foi a ausência de ferramentas de comunicação entre os membros do conselho, seus representados e os demais atores da sociedade. Propomos a criação dessas ferramentas de comunicação com a sociedade em geral, por meio das quais as ações dos conselhos possam ser divulgadas, e que possam servir de canal de comunicação com a sociedade em geral, fortalecendo, dessa forma, o conselho como instância de representação da população. Em tempos de massificação da internet e da informação em redes e nuvens, certamente essa é uma proposta de fácil execução, pelo menos quanto aos aspectos de custos e tecnologia.

A pesquisa demonstrou também que a motivação dos membros dos conselhos para a participação aumenta quando estes enxergam resultados de sua participação, ou seja, quando as decisões das quais participaram são postas em prática. Com base neste fator, propomos a divulgação das conquistas do conselho – como grupo, não destacando atores individuais – a fim de aumentar o orgulho dos membros e a motivação em participar.

Por fim, tendo em vista que nem sempre o conselho consegue exercer a influência esperada sobre as políticas, sugerimos a instituição de uma rotina de fiscalização e parceria com órgãos de justiça que fortaleçam a capacidade de monitoramento do CMT. Se o governo deve prestar contas à sociedade, o conselho pode e deve servir como canal para que isso aconteça.

Por fim, ressaltamos que o envolvimento da sociedade auxilia a dar legitimidade ao evento e a promover a aceitação e o engajamento da comunidade para que tudo saia como o planejado, desde que a sociedade tenha participado ativamente deste planejamento. É de se esperar que, quando a sociedade não é envolvida no processo, abram-se brechas para questionamentos sobre a adequação do destino dos recursos públicos e a transparência dos processos. Promover a participação mostra-se como um passo importante para garantir não apenas que a comunidade seja favorável à realização dos megaeventos, mas que se sinta responsável por eles.

Conclusão

Neste capítulo, buscamos defender a necessidade do envolvimento dos cidadãos no planejamento e na gestão dos megaeventos esportivos que acontecerão no país. Assim como em qualquer política pública e evento estratégico, a participação da sociedade poderá promover o envolvimento de todos em prol do sucesso do investimento e da garantia de transparência e responsabilidade nos gastos públicos.

Tendo em mente que a defesa para que sejam investidos altos montantes de recursos públicos nestes eventos está baseada no legado que tais eventos podem deixar para o país, é fundamental que a sociedade, maior interessada no sucesso desta empreitada, seja envolvida e participe de sua organização, do pré ao pós-evento.

Apresentamos neste capítulo argumentos de que o envolvimento pode ser promovido por meio dos Conselhos Municipais de Turismo, instâncias que já estão envolvidas permanentemente nas discussões sobre os rumos das políticas para o setor. Para tanto, é necessário que estes conselhos exerçam papel estratégico na governança pública do município ou região que representam, a fim de garantir que o envolvimento dos cidadãos passe de mera representação burocrática e simbólica para um envolvimento real e com poder de influência e também de decisão sobre os rumos dos investimentos e gestão do legado dos eventos.

Por fim, lembramos que construir uma participação informada, atuante e comprometida não é trivial. É certamente mais fácil falar que fazer, porém há muito aprendizado acumulado, particularmente nos próprios GMT.

Referências

AXELROD, R. *The evolution of cooperation*. New York: Basic Books, 1984.

CGU. Controladoria Geral da União. Controle Social. *Orientações aos cidadãos para participação na gestão pública e exercício do controle social*. Disponível em http://www.cgu.gov.br/olhovivo/Recursos/Publicacoes/arquivos/cartilha_controleSocial.pdf. Brasília, 2008.

CORNFORTH, C. The governance of public and non-profit organizations: what do boards do? Oxon: Routledge, 2003.

ELSTER, J. *The cement of society*. New York: Press Syndicate of the University of Cambridge. 1989.

DONALDSON, T. e PRESTON L.E. The stakeholder theory of the corporation: concepts, evidence and implications. *Academy of Management Review*, v.20, n.1, p. 65-92, Jan. 1995.

FONTES FILHO, J.R. Os papéis do Conselho de Administração e seus paradoxos. In: FONTES FILHO, J.R. e LEAL, R.P.C. (coords.) *Governança corporativa: discussões sobre os conselhos em empresas no Brasil*. São Paulo: Saint Paul Editora, 2012.

GUIMARAES, T.V. O papel dos Conselhos Gestores de Políticas Públicas (CGPP): uma análise sobre Conselhos Municipais de Turismo sob a perspectiva das teorias de governança. Dissertação de Mestrado apresentada ao Curso de Mestrado de Administração da EBAPE/FGV. Rio de Janeiro: EBAPE/FGV, 2013.

HUNG, H.A. Typology of the theories of the roles of governing boards. *Corporate Governance: An International Review*, v. 6, n. 2, p. 101-111, Apr. 1998.

KOOIMAN, J. Social-political governance: overview, reflections and design. Public Management: *An International Journal of Research and Theory*, v. 1, n. 1, p. 67-92, Jan. 1999.

MILANI, C. O princípio da participação social na gestão de políticas públicas: uma análise das experiências latino-americanas e europeias. *Revista de Administração Pública*, v. 42, n. 3, p. 551-579, Maio-Jun. 2008.

MITCHELL, R., AGLE, B. e WOOD, D. Toward a theory of stakeholder identification and salience: defining the principle of who and what really counts. *Academy of Management Review*, v. 22, n. 4, p. 853-886, Oct. 1997.

OLSON, M. The logic of collective action: public goods and the theory of groups. Massachusetts: Harvard University Press, 1971.

OSTROM, E. Governing the commons: the evolution of institutions for collective action. Cambridge-UK: Cambridge University Press, 1990.

PREUSS, H. e SOLBERG, H.A. Attracting major sporting events:the role of local residents. *European Sport Management Quarterly*, v. 6, n. 4, p. 391-411, Dec. 2006.

RAICHELIS, R. Sistematização: os conselhos de gestão no contexto internacional. In: CARVALHO, M. C. A. A.; TEIXEIRA, A.C.C. (org.). *Conselhos gestores de políticas públicas*. São Paulo: Pólis, 2000.

SANTANA, V.L. Controle social e desempenho da gestão pública: uma análise dos conselhos locais de educação e saúde. *Revista de Políticas Públicas e Gestão Governamental*, v. 10, n. 1, 61-78, Jan-Jun. 2011.

PARTE III

Megaeventos

CAPÍTULO 5

O Impacto Social do Legado Olímpico

Vittorio Lo Bianco

Introdução

Atualmente, o debate acerca do legado proveniente de uma edição dos Jogos Olímpicos ganhou a agenda social, mesmo que o foco da análise ainda seja direcionado para a avaliação dos impactos econômicos gerados – ou prometidos. Tal ênfase na *economia dos jogos* tem sua razão de existir, afinal, observamos no decorrer dos anos uma mudança radical na estrutura e alcance desse tipo de evento. Há algum tempo as Olimpíadas ultrapassaram o campo do entretenimento, ganhando destaque no mundo dos negócios. Para fins deste capítulo, interessa-nos refletir sobre a conexão entre Jogos Olímpicos como negócio e seu prometido legado social, em especial no que tange à questão da moradia na cidade-sede, a área mais impactada – positiva ou negativamente – no sediamento do evento.

Breve Histórico sobre a Comercialização dos Jogos

O processo de comercialização das Olimpíadas foi intensificado na década de 1980 com o melhor aproveitamento das receitas de patrocínio, divulgação e licenciamento de material esportivo. Mas, ao examinarmos o seu trajeto histórico, perceberemos que em suas origens – 776 a.C. – as Olimpíadas visavam fundamentalmente cultivar as boas relações entre as cidades gregas, mostrando as qualidades físicas e o desenvolvimento dos jovens atletas[1].

Contudo, desconsiderando os ideais de promoção da paz e de união das cidades gregas, o imperador romano Teodósio baniu a realização do evento em 394 d.C., alegando divergências religiosas. O culto aos deuses praticado pela sociedade grega divergia das crenças romanas e toda forma de apologia ao politeísmo helênico deveria ser evitada[2]. Foi somente na Era Moderna, a partir de uma iniciativa do pedagogo e esportista Barão de Coubertin, 1500 anos depois da decisão de Teodósio, que renasceram os Jogos Olímpicos.

O Barão – francês, um idealista reformador da educação – visava promover seus ideais pedagógicos por meio da organização dos Jogos. A partir da conexão entre o esporte e a educação, Coubertin pretendia modificar o que ele considerava *a rotina*

---

[1] http://www.olympic.org/en/content/Olympic-Games/Ancient-Olympic-Games/?Tab=0. Acesso em 05/08/2010.
[2] http://www.cob.org.br/jogos_olimpicos/home.asp. Acesso em 05/08/2010.

tediosa da instituição educacional em seu país. Com a promoção do esporte, argumentava, os estudantes poderiam praticar e aprimorar as qualidades relacionadas com a promoção da cidadania em uma democracia: comportamentos físicos, intelectuais e morais (BINDER, 2003).

Os valores cultivados nos Jogos modernos, ao menos nas primeiras décadas, possuíam relação direta com a visão da Igreja Católica, no que diz respeito à execução de apostas e obtenção de lucros em contextos de competição. Como aponta Leidina Silva: "A igreja sempre pregou o jogo limpo, honesto e desinteressado de lucros que se equivalem ao amadorismo e ao fair-play dos esportes modernos" (SILVA, 2002:276). O Barão de Coubertin, com seus princípios aristocráticos e católicos, esteve atento a esses valores. O Olimpismo, então, pode ser interpretado como uma resposta a essas preocupações de encontrar nos esportes um estímulo às relações sociais positivas. Assim,

> desde então, os esportes estiveram ligados a valores que expressam autocontrole e sempre são mencionados como agentes de desenvolvimento moral, onde as condições de treinamento e de jogo moldam o caráter dos jogadores e submetem o interesse individual ao coletivo (SILVA, 2002:276).

Podemos dizer, tomando como parâmetro os movimentos atuais do mercado, que o processo de comercialização que caracteriza os Jogos Olímpicos desafia os valores iniciais propagados pelo Barão de Coubertin, ao introduzir a lógica do lucro, incentivando o profissionalismo em detrimento do amadorismo, como veremos mais adiante. Em contrapartida, o Comitê Olímpico Internacional (COI), entidade responsável pela organização dos Jogos Olímpicos e pela promoção do esporte internacionalmente, mantém um discurso de preservação do *legado* proposto pelo Barão a respeito *do esporte, da paz e da educação*, principalmente por meio da promoção do Olimpismo.

A Carta Olímpica apresenta, nesse sentido, a centralidade do Olimpismo enquanto norte dos princípios fundamentais do Movimento Olímpico:

1. Olympism is a philosophy of life, exalting and combining in a balanced whole the qualities of body, will and mind. Blending sport with culture and education, Olympism seeks to create a way of life based on the joy of effort, the educational value of good example and respect for universal fundamental ethical principles.

2. The goal of Olympism is to place sport at the service of the harmonious development of man, with a view to promoting a peaceful society concerned with the preservation of human dignity.[3]

Fundamentalmente, pode-se dizer que o Olimpismo busca ressaltar a importância do esporte como um meio de interferir de forma positiva na vida do ser humano. Atualmente, o COI promove por meio do Olimpismo "três valores olímpicos: amizade, respeito e excelência, a fim de formar um mundo melhor por meio do Esporte" (JUNIOR; MORAIS; BERESFORD, 2002:244).

Da mesma forma, o COI apresenta-se como organização universal. Diretamente influenciado pelos ideais liberais do século XIX, de Coubertin reavivou valores que também perpassaram, de certa forma, os modelos dos Jogos da Antiguidade. Para Parry (2003), o desafio para o Movimento Olímpico no século XXI é compreender *o que* os Jogos estão se tornando. Se, por um lado, o ideal do Olimpismo pode dar suporte às mudanças que se apresentam nesse novo contexto, em especial as relacionadas com a maior comercialização dos Jogos, por outro, pode se tornar algo contraditório com os novos formatos de prática esportiva.

De acordo com a análise de Bourdieu (1983b), o esporte constitui-se enquanto campo[4] específico "onde se analisa em que medida as práticas e os consumos esportivos oferecidos aos agentes sociais podem ser entendidos como uma oferta destinada a encontrar determinada demanda social". Nesse campo preconizado por Bourdieu, encontrar-se-iam agentes e instituições ligadas ao esporte, tanto à prática quanto ao consumo, "quais sejam: produtores e vendedores de materiais esportivos, profissionais que prestam serviços úteis à prática do esporte e produtores e vendedores de espetáculos esportivos e de bens associados (malhas, fotos dos campeões, revistas e loterias esportivas)." (BOURDIEU, 1983: 137).

Apesar da autonomia do campo esporte, este depende de outros setores de consumo e, de uma forma geral, da economia, em seu atual formato, dada a rede de serviços e comércio em seu entorno. De acordo com o modelo de Bourdieu, na modernidade o interesse pelo esporte dá-se pela espetacularização do mesmo, pela inserção nos mecanismos da estrutura capitalista (MARCHI JR., 2004).

---

[3] http://www.olympic.org/Documents/olympic_charter_en.pdf. Acesso em 06/08/2010
[4] "[...] espaços estruturados de posições (ou de postos) cujas propriedades dependem das posições nestes espaços, podendo ser analisadas independentemente das características de seus ocupantes (em parte determinada por elas)." (BOURDIEU, 1983a, p. 89). Bourdieu utiliza este modelo teórico para analisar *espaços sociais* diversos como a literatura, o esporte, a política, dentre outros.

É necessário problematizar como se deu esse movimento de maior comercialização, além da profissionalização (em contraponto ao amadorismo dos atletas), do Movimento Olímpico e como os objetivos e as finalidades dos Jogos, e do próprio COI, podem ser alterados a partir das mudanças observadas nas últimas décadas. As transformações advindas do fenômeno da globalização passaram a conectar, a partir de processos de integração, o mercado mundial mais fortemente a partir do final da década de 1970. Apesar de alguns discordarem dessa premissa, é importante reconhecer o aumento do fluxo comercial, o avanço das telecomunicações e a flexibilização de determinadas barreiras comerciais em um processo de integração econômica mais intensa.

Com o avanço dos interesses econômicos, determinadas áreas foram alçadas à categoria de rentáveis comercialmente, como é o caso da indústria do entretenimento. Segundo Fábio Earp (2002:2),

> o que uma economia do entretenimento precisa descobrir é, antes de tudo, como as pessoas usam o tempo em que não estão trabalhando para se divertirem; quando esta diversão é gratuita e quando exige dispêndio de dinheiro; como algumas firmas ganham este dinheiro vendendo todo o tipo de produto e serviço; finalmente, como esta atividade das firmas se transforma em encomendas, em renda e em empregos.

Esse processo tornou-se crescente nas últimas décadas, não por acaso coincidindo com a ascensão do Esporte enquanto área de interesse econômico. Foi a partir da década de 1980 que os Jogos Olímpicos passaram a ser organizados de acordo com os interesses privados envolvidos na comercialização do evento. Edições anteriores das Olimpíadas já ensaiavam o processo de utilização de ferramentas de marketing e propaganda como fonte de receita, porém, de forma ainda bastante incipiente.

Os Jogos de Los Angeles, em 1984, realizados após a edição de Montreal em 1976 (que amargou prejuízos herdados por décadas pela prefeitura da cidade) e a edição de Moscou em 1980 (Jogos boicotados pela delegação dos EUA, no contexto da Guerra Fria), representaram, em sua concepção inicial, um alto risco para o COI, dado o contexto dos Jogos imediatamente anteriores. Entretanto, os novos interesses comerciais globalizados foram capazes de iniciar uma das maiores alterações na história dos Jogos Olímpicos. Em Los Angeles, patrocinadores, imprensa, empresas licenciadoras de produtos, dentre outros interessados, tornaram os Jogos um produto lucrativo. Grande parte deste lucro adveio da transmissão televisiva – US$315 milhões – (PRONI, 2008:11), o que revela o entrelace que irá aumentar expressivamente nas demais edições, entre a *mídia* e o *esporte*.

Desde então, a marca dos Jogos Olímpicos – os cinco anéis olímpicos –, passou a ser considerada uma das mais valiosas de todo o mundo. O COI passou a centralizar a gestão da marca em detrimento dos Comitês Olímpicos Nacionais (CONs). A partir de Seul, 1988, foi criado o Programa do Parceiro Olímpico (World Partner Programme – TOP), com nove categorias diferentes de serviços e produtos. Nos anos 1990, o COI instituiu um complexo programa de marketing para os Jogos. Os Jogos de Barcelona, em 1992, foram o auge desse processo de espetacularização das Olimpíadas, que tornou o megaevento esportivo um dos maiores mecanismos rentáveis da indústria do entretenimento, junto com o cinema e outras manifestações culturais (PRONI, 2008:12).

O novo momento dos Jogos Olímpicos representa um desafio aos valores tradicionais que nortearam a idealização dos Jogos modernos, como dissemos. O ideal do amadorismo, do atleta que praticava o esporte em seu tempo livre e que não dependia dele como forma de sobrevivência – o que acaba por excluir determinadas parcelas da sociedade –, cedeu lugar ao profissionalismo. A atividade física foi substituída pelo *esporte de alto rendimento*, pelas competições crescentemente disputadas e rentáveis. O lado positivo da questão – a inclusão de mais pessoas e o esporte enquanto atividade central da vida do atleta – contrasta com o desafio do Olimpismo enquanto filosofia de vida, dada a contradição com a espetacularização do esporte, que passou a utilizar as Olimpíadas como produto.

A mudança dos Jogos acompanhou a mudança da sociedade contemporânea, conectada e globalizada. A problematização do interesse comercial adentrando uma área antes resguardada a determinada visão de mundo é útil no sentido de auxiliar a reflexão de como conciliar a rentabilidade com a educação, a atividade física e os valores ligados à paz.

A temática do legado deixado para as cidades-sede após os Jogos reflete sobre o elo entre as duas vertentes – comercialização e inclusão social – ao manter um projeto de transformação urbana e inclusão social em meio a cifras e números de patrocinadores e atletas. Segundo Da Costa, o Olimpismo demanda um marketing mais responsável socialmente, assim como, para o marketing, é interessante que o movimento Olímpico esteja cada vez mais atrelado a metas educacionais a fim de melhorar a excelência no esporte (DA COSTA, 2002: 117), já que para o autor, a comercialização do esporte está ligada a mudanças crescentes na sociedade nesta direção.

Garcia Ferrando argumenta que:

> é evidente que a ideologia olímpica primordial de manter os Jogos afastados de interesses comerciais não tem nada que ver com as linhas de conduta econômica que têm seguido as últimas edições dos Jogos Olímpicos. A rede de interesses comerciais que tem envolvido o esporte em geral, e o olimpismo em particular, tem-se tornado muito densa em poucos anos. A publicidade de produtos comerciais, o patrocínio dos esportistas que atuam como autênticos agentes das empresas que representam, os contratos comerciais que realizam as federações nacionais e internacionais com as mais variadas empresas, o crescimento espetacular da indústria de equipamentos esportivos, tudo isso em suma faz o movimento olímpico cada dia mais dependente dos interesses do grande capital. Nesse sentido, o olimpismo tem se convertido não só em um instrumento da política internacional, senão também em um instrumento dos grandes interesses comerciais.
> (GARCIA FERRANDO, 1990: 209).

Em 1991, sob a gestão de Juan Antonio Samaranch, o COI revisou sua Carta Olímpica buscando conciliar o marketing com o ideal do Olimpismo. Para o então presidente da organização, as mudanças em prol da comercialização foram inevitáveis, dado o crescente aumento do custo do evento e a vontade de não excluir os ídolos esportivos. Além dos custos, segundo Samaranch, o COI deveria zelar pela promoção do esporte e da atividade física saudável, além de promover a confraternização entre os diferentes povos, divulgando a cultura das cidades-sede, logo, necessitava viabilizar economicamente essas duas obrigações, dependendo assim de patrocinadores e contratos televisivos (PRONI, 2004).

Segundo o COI, foi o aumento das receitas a partir dos Jogos de Los Angeles, em 1984, especialmente das receitas a partir da transmissão televisiva, que proporcionou à instituição a possibilidade de ampliar o seu "Programa de Solidariedade Olímpica", o que seria uma resposta da organização aos críticos da crescente comercialização. Como apontava Samaranch, os recursos obtidos com a transmissão televisiva e o patrocínio seriam investidos nos programas olímpicos. O programa prevê assistência aos CONs de três formas: 1) por intermédio de programas globais; 2) por meio de programas continentais, que atendem às necessidades específicas de cada continente; 3) subsídios para os Jogos Olímpicos, a fim de assistir a preparação dos CONs para os Jogos (IOC, 2006).

Para o quadriênio – intervalo de tempo programado pelo programa para a execução das metas – estão previstas ações que focam no Esporte como direito universal. Além do apoio central, o programa conclama os CONs a colaborarem com organizações locais com o objetivo de promover, a médio e longo prazos, ações ligadas à promoção dos esportes, à igualdade de gênero na prática esportiva e à integração entre desenvolvimento sustentável, educação com valores olímpicos para jovens, proteção à saúde dos atletas e preservação da herança esportiva (IOC, 2009).

Podemos compreender, portanto, que o movimento de comercialização do Movimento Olímpico é, segundo seus administradores, inevitável. A crescente conexão entre marketing, mídia, comércio e esporte, fornece as bases para o megaevento que se tornaram as Olimpíadas. Por outro lado, como argumenta o próprio COI, foi somente devido a este fato que o Programa de Solidariedade Olímpica pôde ampliar o seu alcance e continuar promovendo iniciativas no âmbito da educação, do esporte, dentre outros.

Como estes novos valores em torno do Olimpismo impactam na questão do legado? Qual o futuro para o Movimento Olímpico caso a conexão com o marketing e a comercialização amplie-se ainda mais ao longo do anos? Como o possível legado para as Olimpíadas está conectado às transformações do Movimento Olímpico?

Negócios, Competições e Legado Social?

O Brasil, sede das Olimpíadas Militares em 2011, da Copa Mundial de Futebol em 2014, e das Olimpíadas de 2016, no Rio de Janeiro, foco de nosso estudo, deverá organizar eventos de acordo com as promessas assinadas em contrato com as organizações responsáveis pelos eventos supracitados. Para tal fim, o planejamento e a execução por parte do poder público em conjunto com o setor privado e organizações não governamentais, deverá contemplar um legado[5] a fim de transformar não somente a infraestrutura necessária para a boa execução dos eventos, mas também a realidade social das cidades-sede.

A organização dos Jogos Olímpicos demanda o envolvimento de diversos setores na sociedade interessados nos possíveis benefícios advindos de sediar os jogos.

---

[5] Legado no sentido de benefícios sociais, de infraestrutura, de transformação urbana, de desenvolvimento econômico, dentre outros, obtidos de forma duradoura nas cidades e países sedes de megaeventos.

Desde o momento do planejamento de se candidatar à sede das Olimpíadas, diversas etapas devem ser ultrapassadas, o que envolve custos muitas vezes elevados. Um dos impactos de organizar os jogos está exatamente ligado à fase de preparação da candidatura. Após isto, no período de sete anos que antecede os JO, a cidade-sede empreende o plano aprovado pelo COI.

A decisão de se candidatar à sede dos Jogos Olímpicos e Jogos Paraolímpicos envolve uma decisão geralmente capitaneada pelo CON e pelo setor do governo responsável pelo esporte no país. Muitas vezes esse processo não é acompanhado de uma consulta ampla aos diferentes setores da sociedade, o que, por vezes, pode vir a prejudicar a questão do legado a ser deixado para a comunidade diretamente impactada pela organização dos Jogos. Quando esse tipo de mecanismo é utilizado, o estabelecimento de metas pode se tornar um mecanismo de transparência do processo, assim como as reais necessidades da comunidade, especialmente nas questões sociais, podem ser mais bem atendidas.

Por exemplo, a ONG PACS (Instituto Políticas Alternativas para o Cone Sul) confeccionou, em conjunto com outras organizações da sociedade civil (associações de moradores, conselhos profissionais, outras ONGs, dentre outras organizações) uma "Carta aberta ao Comitê Olímpico Internacional" que solicita que o COI não comece, em conjunto com o governo brasileiro e o COB, a executar o planejamento dos Jogos de 2016 sem consultar a Sociedade Civil organizada do Estado do Rio de Janeiro.

A principal solicitação da ONG e demais envolvidos é que a organização das Olimpíadas auxilie diretamente na resolução de questões sociais na cidade, privilegiando ações que possuam impacto positivo na vida da população menos favorecida e não apenas na daqueles que possuem interesses comerciais e financeiros com as obras dos Jogos. Esta crítica ao privilégio de determinados setores da sociedade é constantemente colocada por analistas que estudam os impactos de edições anteriores dos Jogos. Questões como o aumento da segurança durante os Jogos pode significar uma violação dos direitos civis dos cidadãos residentes na cidade, caso o planejamento não seja efetivado de forma a não restringir liberdades individuais e a não excluir setores menos favorecidos (CASHMAN, 2002).

Além da influência sobre o programa olímpico, a comercialização dos Jogos acarreta outros tipos de desafios e questões. Na visão deste capítulo, o mais importante dos desafios está na ênfase da *espetacularização do negócio* em detrimento da problematização do *legado social*.

A maior parte dos especialistas desfavoráveis à visão de que é possível um *legado* positivo a partir dos Jogos analisa que o evento é de curta duração e, portanto, não teria capacidade de estabelecer políticas de longo prazo. Na visão deles, o ideal seria focar em melhorias para a cidade como um todo, independentemente da realização das Olimpíadas. O *legado* pode, inclusive, representar um ônus a mais para o Comitê Organizador, que demanda uma estrutura maior, mais gastos e uma mobilização após os Jogos.

Ainda no campo das críticas levantadas contra o sediamento dos JO, existe também a questão de privilegiar determinadas regiões da cidade deixando de lado os locais menos privilegiados. O problema, nesse caso, está no fato de que todos acabariam sendo afetados tanto em termos de custos quanto de mobilização, em especial os que possuem menos recursos, mas os maiores privilégios, quando não há um planejamento adequado, ficariam com os mais abastados da sociedade.

Zimbalist argumenta que, dentre os possíveis benefícios para uma cidade-sede dos Jogos Olímpicos, provavelmente, aquele com maior impacto é o dos ganhos com o turismo. Todavia, mesmo neste setor, é possível apontar para algumas questões: Mesmo atraindo mais visitantes com a finalidade de turismo na cidade-sede, outros tipos de visitantes, como os que visitam a cidade a negócios, podem evitar visitar a cidade temendo os preços altos e a superlotação. Além disso, na questão da hospedagem, mesmo que, durante os jogos, as taxas de ocupação e de preços aumentem o lucro final obtido por redes internacionais de hotel é enviado para seus países de origem, diminuindo o impacto na cidade-sede. Outra questão está relacionada com o fato de os organizadores geralmente acreditarem que a exposição da cidade pode atrair mais visitantes.

Outro ponto levantado pelo autor diz respeito ao fato de, dos Jogos de Los Angeles 1984 até Beijing 2008, apenas esse primeiro ter conseguido um apoio privado substantivo. Todas as demais sedes não conseguiram a mesma proporção de financiamento privado. Este fato está diretamente relacionado com o aumento da dívida pública em várias das sedes anteriores, dado que, entre o período em que a cidade é anunciada como sede e o ano dos jogos de fato, o orçamento aumenta substancialmente devido a fatores como aumento dos custos e do preço da terra ao longo dos anos, e ao fato do orçamento inicial ser apenas o do Comitê Organizador, que não possui as prerrogativas de modificações urbanas (ZIMBALIST, 2010).

Hiller (2003) argumenta que os Jogos, por serem articulados por um órgão externo à cidade – o COI – representam uma invasão (apesar de ser, por vezes, bem-vinda) no processo urbano normal e no processo de tomada de decisões da cidade. As cidades são, muitas vezes, forçadas a modificarem a trajetória normal de seu planejamento urbano para se adequarem a uma candidatura de sucesso. O plano para os Jogos tem sido encarado como um plano urbanístico. Um planejamento responsável deve se preocupar também com o contexto urbano, não apenas como um efeito residual, mas como um objetivo simultâneo.

Para a autora, outros desafios relacionados com o urbanismo da cidade dizem respeito ao fato de que nem todos os grupos sociais são favoráveis à realização das Olimpíadas. Por mais que haja apoio popular, nem sempre todos concordam que a organização dos Jogos torne-se a prioridade da cidade durante os sete anos que sucedem a escolha e antecedem a realização deles. Neste intervalo de sete anos, a cidade deve adequar-se a prazos e estratégias definidos pelo COI em comum acordo com o Comitê Organizador, o que nem sempre é adequado para planos previamente estabelecidos pela comunidade impactada. Muitas vezes existe (ou não) a necessidade de alteração de pontos do plano aprovado pelo COI, como no caso da localização de instalações esportivas, o que pode gerar atritos entre a cidade e a organização.

Hiller (2003) aponta outras categorias de impacto urbano, dentre elas:

1. econômica e foca em como as Olimpíadas podem evoluir com desenvolvimento econômico, promover o turismo e prover um cenário atraente para o investimento no país, região, cidade;

2. outro impacto é a cidade enquanto comunidade ou pluralidade de comunidades. Que conflitos internos os Jogos reforçaram ou criaram? Que efeitos os Jogos tiveram nos líderes das cidades? Quem foi visto como os vencedores de sediar os Jogos e os perdedores? Até que ponto houve mobilidade de pessoas e qual a extensão dos benefícios econômicos serem vistos apenas como bons para grupos determinados como o turismo e a construção?

Exemplos Internacionais

Considerando os exemplos de Barcelona, 1992, e Londres, 2012, podemos refletir alguns pontos. O plano Olímpico para o Parc de Mar, em Barcelona, passou a fazer parte de um plano de desenvolvimento mais amplo, o Plano de

Desenvolvimento para a Orla Marítima de Barcelona (COOB'92,1992: 253), refletindo a prioridade dada pelos organizadores dos Jogos à questão do legado.

A partir dessa iniciativa, diversas propostas que impactariam a cidade a partir da organização dos Jogos criaram forma. Uma nova área foi criada para a cidade, com instalações de moradia para uso durante os Jogos e após o encerramento destes, além da reforma da zona portuária a partir do replanejamento do sistema férreo. Também neste caso, foi criada uma unidade executiva, com administração pública, para conduzir as transformações da região. Ainda em 1986, foi criada a Unidade Especial para o redesenvolvimento da Orla Marítima de Poblenou. Poderemos mais adiante traçar um paralelo entre estas ações voltadas para o Porto da cidade de Barcelona com o plano para a região portuária do Rio de Janeiro. É importante frisar o uso público que o governo local deu à transformação da região visando estabelecermos parâmetros para uma comparação posterior.

Sobre Parc de Mer, é importante destacar que a utilização da Vila Olímpica como instrumento de reurbanização de uma área isolada da cidade-sede foi algo inédito na história dos Jogos. Além de permitir a recuperação em termos de transportes, moradias, saneamento e do esporte em si, novos distritos foram inaugurados, com novas residências, parques e áreas comuns (COOB'92, 1992: 254). Ressaltando ainda o tema da integração das ações para os Jogos com um plano de desenvolvimento a longo prazo para as regiões, podemos apontar para construção de anéis rodoviários e de instalações esportivas como o Velódromo na área de Vall d'Hebron, que possuía uma deficiência histórica em termos de transportes e serviços públicos (COOB'92, 1992: 255).

Um dos argumentos principais para a vitória de Barcelona foi o seu plano para o futuro, além dos Jogos. O legado assumia, definitivamente, uma importância estratégica para a escolha das cidades-sede. Os Jogos Olímpicos de 1992 inauguraram não somente uma nova Era para a comercialização dos Jogos, como veremos adiante, mas também um novo parâmetro para as despesas com a sua realização. Desde Barcelona, os custos do sediamento das Olímpiadas cresceram de forma cada vez mais constante, pois se passou a levar em consideração também os gastos com a transformação da cidade-sede. A implementação do Projeto de Barcelona também demonstra outro traço que marcaria dali em diante o modelo de organização dos Jogos: a forte intervenção estatal a fim de empreender reformas urbanas, atrair investimentos e ampliar a exposição internacional da cidade a fim de torná-la um ator global de peso (POYTER, 2008).

Com relação a Londres, a região de Lea Valley, uma das mais pobres da cidade, foi diretamente impactada pela organização das Olimpíadas. Estratégias de moradia e integração social foram conduzidas a partir da instalação do Parque Olímpico. O plano para a Vila Olímpica era servir de residência para a comunidade, com apartamentos sustentáveis.

Ao contrário de Barcelona, antes de 1992, Londres já representava uma economia estabilizada, em crescimento, apesar de nos últimos anos esse indicador econômico não contar com taxas elevadas. As Olimpíadas não serviram tanto ao país como um todo quanto serviu à Espanha como fato de atração de investimentos. Por essa razão, mais uma vez, a relevância da regeneração do Thames Gateway foi central para o sucesso do legado dos Jogos. Além da atração de uma indústria focada no setor de serviços, como a indústria cultural, e dos programas de geração de empregos qualificados, é necessário atenção para a questão do transporte e da moradia. O efeito das Olimpíadas poderá ser sentido de duas formas principais no que tange à melhoria das condições de vida da população em termos de moradia:

> Em primeiro lugar, em importantes melhorias ambientais – espaços ao ar livre, parques, etc. – substituindo extensas áreas de 'brownfields'. Em segundo lugar, através da melhoria total dos estoques residenciais existentes, amenidades sociais, varejos e instalações públicas que esse desenvolvimento contempla, principalmente nos arredores da cidade de Stratford. Essas melhorias em moradias e infraestruturas sociais modificam a dinâmica e o relativo custo de vida em uma determinada área (POYTER, 2008: 150).

O desafio na região foi, e ainda é, evitar a elevação desproporcional dos preços de mercado da região, conforme ocorreu em Barcelona, assim como assegurar que não sejam criadas novas áreas periféricas ainda menos desenvolvidas.

Uma Nova Era para o Rio e seus Habitantes?

Diante de tantas questões, é necessário refletirmos sobre alguns pontos. Rose e Spiegel argumentam que o Rio de Janeiro ganhou o direito de sediar os Jogos de 2016 com um orçamento de US$15 bilhões. Grande parte deste montante, segundo os organizadores, será destinada a melhorar o sistema de transporte da cidade. Porém, segundo os autores, como justificar os investimentos previstos apenas diante da necessidade de organizar os Jogos se eles já eram necessários mesmo sem estes? Para os economistas a resposta é geralmente negativa, pois, para eles, não se justificariam dispêndios públicos em contextos de megaeventos já que os efeitos econômicos positivos são raros e geralmente negativos (ROSE, SPIEGEL, 2010).

No caso do Rio de Janeiro, o plano para a organização dos Jogos na cidade prevê como principal legado olímpico que seja constituída uma *nova era para o Rio e seus habitantes*. O compromisso estabelecido é o de que o legado seja sustentável e que as transformações deem-se por meio do esporte. O plano estabelece quatro áreas prioritárias para o legado: transformação da cidade; inserção social – habitação, treinamento e emprego –; juventude e educação; esportes.

Para a transformação da cidade, o projeto prevê diversas ações que terão início com os jogos e outras que estariam já em curso, incluindo:

Melhoria da qualidade do ar, graças a controles mais estritos das emissões das indústrias e dos transportes públicos.

Melhoria dos transportes públicos graças à criação do Anel de Transporte de Alta Capacidade.

Importantes melhorias na segurança, incluindo novos sistemas e novas competências.

Preservação da maior floresta urbana do mundo, incluindo o plantio de 24 milhões de árvores até 2016.

Projetos importantes de renovação, incluindo:
– A transformação da zona portuária em um grande bairro residencial, de entretenimento e turismo, que renovará o elo entre o porto e o coração da cidade; (...) (RIO 2016, 2009: 7).

Todos estes planos, segundo o projeto, pretendem tornar a cidade mais global, com novas oportunidades de negócios, turismo e com uma melhor qualidade de vida. Já no que tange à inserção social, o projeto prevê a construção de moradias a partir da construção das quatro vilas olímpicas – desconsiderando que grande parte será vendida pelas imobiliárias participantes –, a capacitação e treinamento da mão de obra voluntária a partir de parcerias com o governo e outras instituições.

Uma promessa que também impacta na questão da moradia é a de gerir sustentavelmente o lixo produzido no evento. Há a promessa de que 100% do lixo sólido serão tratados e reciclados em uma cadeia de economia solidária, sustentável, em conjunto com as comunidades vizinhas. A promessa é que as desapropriações e aquisições sigam a mesma lógica.

A partir das promessas para os Jogos do Rio, surgem algumas reflexões acerca do modelo competitivo advindo da disputa por sediar o evento. Retornando à análise sobre Barcelona, podemos analisar que o modelo competitivo adotado por esta cidade para redefinir sua inserção internacional ainda desperta controvérsias na academia e nos movimentos sociais catalães, segundo Carlos Veiner. Este modelo pode ser definido como:

> a transposição para a esfera pública de modelos de gestão e competição empresariais. A cidade passa a ser vista como uma empresa, que compete com outras cidades-empresa no mercado internacional. A cidade é reduzida a uma das suas dimensões, a econômica, e mesmo assim a apenas uma das faces dessa dimensão econômica, que é a empresarial. E a partir do momento em que se pensa a cidade como empresa, ela também passa a ser vista como mercadoria: como eu posso "vender" minha cidade para o mundo (...). (VEINER, 2011)

A consequência deste modelo, segundo o autor, é o surgimento da cidade-empresa que negligencia as diferenças, como a população menos favorecida economicamente, que projeta uma imagem de perfeição tanto externa quanto internamente, silenciando os contraditórios em prol do objetivo comum onde todos lucrariam. Este cenário é vendido como benéfico a todos mesmo que as exceções como o regime diferenciado de contratação, isenção tributária para hotéis e isenção fiscal e alfandegária para parceiros do COI possam gerar questões orçamentárias de difícil recuperação ao longo dos anos. Todavia, ainda segundo Veiner, ainda é possível a construção de um legado positivo desde que haja informação disponível para a participação da sociedade nos processos de tomada de decisão com relação à alocação dos investimentos (VEINER, 2011).

A questão das remoções da população em determinados locais da cidade insere-se diretamente nesta análise de cidade-empresa que negligencia setores da sociedade que não são interessantes para o marketing internacional. Algumas áreas da cidade destinadas à exploração comercial poderiam receber habitações de interesse social, desde que apoiadas pelo poder público dentro de um planejamento urbano adequado. Uma iniciativa neste sentido, ainda no âmbito das promessas oficiais do projeto do Rio de Janeiro, dado o seu recente lançamento, é o projeto Porto Maravilha Cidadão, surgido a partir de definição legal de que as operações públicas no Porto deveriam também desenvolver ações que integrem e promovam o desenvolvimento social e econômico da população local (Lei Complementar 101/2009).

O objetivo oficial do programa é incluir socioeconômica e culturalmente a população a fim de estar preparada para as novas oportunidades econômicas advindas da reforma. Para isto, o poder público municipal compromete-se a, em uma primeira etapa, identificar iniciativas já existentes na região, assim como estabelecer parcerias com empresas e organizações que possam ter interesse em atuar na região por meio de seus programas, cujas linhas de ação são:

> Apoio a programas de habitação de interesse social; Formação profissional principalmente para população jovem; Ações de requalificação profissional para moradores; Absorção / integração da população ao mercado de trabalho; Ações de empreendedorismo; Educação para a cidadania, educação ambiental, educação para o trânsito; Produção de conhecimento sobre o processo de transformação social da região portuária; Incentivo à inovação tecnológica para sustentabilidade, integração e inclusão social (Lei Complementar 101/2009).

Futuros trabalhos poderão analisar a implementação deste plano e se este foi capaz de amenizar a problemática das remoções.

Tais questões influenciam diretamente a problemática da moradia e da transformação urbana de áreas socioeconomicamente desprivilegiadas da cidade, uma vez que, caso os interesses privados sejam exclusivamente beneficiados e modelos anteriores de organização dos jogos no que tange o privilégio à habitação privada e ao recrudescimento de especulação imobiliária, ocorra também nos jogos de 2016, a cidade perderá uma chance de conseguir incluir as regiões menos favorecidas no roteiro de legados positivos sociourbanisticamente, sem estigmatizar ainda mais áreas como as das favelas. Portanto, uma estratégia que assume o legado social como de fato central, além de estabelecer regras de remoção de comunidades e de ocupação do solo urbano que estejam de acordo com os interesses das populações afetadas, preconiza uma inflexão territorial de políticas públicas, especialmente na direção dos espaços marcados pelas desigualdades sociais, superando a notória concentração de recursos e bens públicos na cidade. Portanto, um projeto de justiça territorial urbana capaz de promover a substancialização dos direitos sociais e o reconhecimento concreto de sujeitos de direitos (BARBOSA, 2010: 5).

Diante da centralidade que o Porto passou a ter nos projetos para os jogos torna-se imperativo questionar se o privilégio dos benefícios será dado somente ao incremento do turismo e às sedes empresariais transferidas para a região ou se haverá ganhos sensíveis para a população local, especialmente na questão da moradia. A já anunciada Parceria Público-Privada para as obras na região, em ambas as fases do projeto, prevê que o consórcio de empresas vencedor também será responsável pela administração da região após a finalização das obras. É necessário que trabalhos futuros observem se os interesses públicos – em especial com relação às questões sociais – estão sendo observados na condução das obras e na futura administração do novo espaço.

Ressalvas com relação à remoção de moradores já constam como preocupações, dado que a constatação do encaminhamento do projeto é a de que este privilegia os interesses comerciais em detrimento dos sociais, apesar da previsão da Unidade de Polícia Pacificadora para o Morro da Providência vir acompanhada dos projetos sociais das UPPs e de que o casario da região seja recuperado pelo programa *novas alternativas*, que promove principalmente a construção de moradias de uso misto, com prédios associados a comércios e serviços.

A manutenção de áreas para utilização de habitação com interesse social, conforme previsto no projeto, é essencial para a proposta de revitalizar a área de forma a contemplar a população em geral. Além do programa Novas Alternativas, a prefeitura lançou o programa Morar Carioca que prevê um processo de urbanização e de integração de todas as favelas cariocas em um espaço de 10 anos e, além de urbanização, o projeto prevê outras quatro linhas de atuação: "conservação do espaço público, controle do crescimento das favelas, legislação urbanística, com a criação de Postos de Orientação Urbanística e Social (POUSO) e o reassentamento de moradores que se encontram em áreas de risco", uma promessa importante e que pode fornecer ferramentas de legado urbano e social de grande impacto. Vale ressaltar que as promessas do Morar Carioca também constam como compromisso da cidade com o COI.

Sobre as UPPs é importante considerarmos questões como as apontadas pela antropóloga Mariana Cavalcanti que argumenta sobre os discursos a respeito da cidade do Rio de Janeiro, em época de preparação para os megaeventos esportivos, no sentido de estes produzirem "visibilidades e invisibilidades" que influenciam a percepção sobre a cidade e servirem como orientação para a formulação de políticas públicas. Segundo a autora, as intervenções recentes como as obras do PAC (Rocinha, Cantagalo, Complexo do Alemão) e as ações sociais, como as UPPs, estão essencialmente localizadas em regiões de maior visibilidade para os jogos. Para ela, estas soluções tornam invisíveis regiões da cidade como os subúrbios, negligenciados em detrimento de respostas à comunidade internacional interessada na parte da cidade onde ocorrerão as competições. Mariana ainda argumenta que outros programas como o Morar Carioca também privilegiam áreas próximas às instalações esportivas. O edital do programa tinha como um dos critérios a proximidade em relação às instalações para os jogos.

Por outro lado, a Relatora Especial das Nações Unidas para o Direito à Moradia Adequada, Raquel Rolnick, em seu informe sobre o impacto dos megaeventos esportivos para o Direito à Moradia, atenta para o compromisso do Movimento Olímpico Internacional com o desenvolvimento harmônico do homem, com a não discriminação, com o desenvolvimento sustentável e com o legado positivo para as cidades-sede (ROLNICK, 2011). Além disso, Rolnick relembra o Programa 21, de compromisso do esporte com o desenvolvimento sustentável, argumentando:

> O Programa 21 dedica especial atenção à sorte de minorias e dos membros menos favorecidos da sociedade. E também respalda a luta contra a pobreza e a integração dos grupos sociais desfavorecidos, assim como a adoção de políticas e práticas de desenvolvimento. O Programa 21 também apoia a promoção de um modelo viável de assentamentos humanos. Exige que as infraestruturas esportivas se integrem harmoniosamente no contexto local e que as novas obras reforcem as estratégias de moradias locais e integrem os membros mais pobres da sociedade. Também estimula uma maior participação da população local nos preparativos olímpicos mediante regulamentos e procedimentos apropriados (ROLNICK, 2011).

Além disso, aponta para o fato de as cidades-sede se comprometerem a estes princípios e orientações básicas com relação a despejos e desalojamentos motivados pelo desenvolvimento das obras para o evento.

Rolnick exemplifica algumas das situações previstas por Vainer, como vimos anteriormente, e que vão na direção oposta dos preceitos que o Movimento Olímpico vincula a seus membros, especialmente as cidades-sede das Olimpíadas. Segundo a relatora, a Vila do Autódromo, no Rio de Janeiro, assim como vários outros assentamentos improvisados estão ameaçados de desalojamento em face das obras para o evento. Em Barcelona 92, segundo a relatora, 200 famílias foram desalojadas visando à construção de novos anéis viários e as famílias sem-teto foram deslocadas para fora da cidade. Já em Londres 2012, o poder público estaria emitindo ordens de expropriação, que transfere atribuições às autoridades locais a fim de reunir terra para projetos de regeneração e acaba por obrigar os residentes a abandonar os locais olímpicos. Ainda sobre Londres 2012, a especulação imobiliária fez com que os preços nas zonas ao redor de instalações olímpicas se elevassem entre 1,4% e 4,6% depois do anúncio de cidade-sede, enquanto os preços caíram 0,2% no resto da cidade. Londres possui como diferencial o fato de, apesar de deslocar residentes locais em áreas de instalações olímpicas, haver planos para se construírem 10 mil novas moradias, tendo 35% destinadas às moradias acessíveis (ROLNICK, 2011).

Segundo a relatora,

> o livro de oferta do Rio de Janeiro para as Olimpíadas de 2016 prevê a melhora e reassentamento de alguns assentamentos e o compromisso de cumprir as normas nacionais e internacionais. Notícias de jornal, apesar disso, fazem menção a ameaças de despejo de alguns assentamentos sem referência alguma a seu reassentamento ou indenização (ROLNICK, 2011: 10).

Como no caso supracitado da Vila do Autódromo. Além disso, a relatora argumenta com relação à necessidade de transparência e participação popular, que

> para resguardar coerência com os princípios e orientações básicas sobre os despejos e desalojamentos originados do desenvolvimento imobiliário, este processo e o planejamento urbano devem cumprir os seguintes requisitos: a) notificação adequada a todas as pessoas possivelmente afetadas de quem se esteja considerando o despejo, com as quais se celebrarão audiências públicas sobre os planos propostos e suas alternativas; b) difusão eficaz e antecipada por parte das autoridades da informação correspondente, em particular os registros da terra e os planos amplos de reassentamento propostos, com medidas dirigidas especialmente à proteção dos grupos vulneráveis; c) um

prazo razoável para o exame público e a formulação de comentários e/ou objeções sobre o plano proposto; d) oportunidades e medidas para facilitar a prestação de assessoria jurídica, técnica e de outro tipo às pessoas afetadas sobre seus direitos e opções; e) celebração de audiências públicas que deem a oportunidade às pessoas afetadas e a seus defensores de impugnar a decisão de despejo e/ou apresentar propostas alternativas e formular exigências e prioridades de desenvolvimento (ROLNICK, 2011:12).

Segundo a relatora, apenas com espaço para contraditórios e participação popular é possível assegurar que os ganhos da realização do evento sejam de fato ganhos para todos.

A possível contradição entre interesses privados e interesses públicos – no que tange à resolução ou amenização da questão social – permanece como um dos pontos mais latentes desta fase de implementação do projeto. Ao mesmo tempo em que projetos que conectam a educação e o esporte – como os programas Segundo Tempo, Mais Educação, Rio Cidade Global, Rio em Forma Olímpico, dentre outros – fornecem uma perspectiva positiva para o incremento e inovação de políticas públicas, projetos como o da Vila Olímpica – a ser construída pela construtora dona do terreno onde será localizada a Vila – despertam questionamentos por parte daqueles que poderão ser atingidos negativamente.

A questão da remoção autoritária de comunidades carentes, que estariam em áreas de risco segundo as autoridades públicas, poderia ser reconsiderada no sentido de passar a contemplar o interesse social destes moradores, agregando-os a programas direcionados a estas áreas como as UPPs sociais e o novo programa Morar Carioca. A observância do interesse social se faz mister também no projeto de revitalização da região portuária, o Porto Maravilha, onde, apesar da contemplação de áreas carentes com a proteção de delimitação de áreas de habitação social, da previsão de projetos de reurbanização e do próprio Morar Carioca, a cessão de terrenos para financiar a iniciativa para o setor privado e o privilégio dado ao turismo de alto rendimento e às sedes de empresa, poderão colocar em risco uma melhoria concreta para os setores menos privilegiados da região.

Com relação à zona portuária, também é importante ressaltar positivamente a articulação pública, capitaneada pela Prefeitura do Rio de Janeiro, de alteração do projeto inicial para os jogos ao deslocar algumas instalações não esportivas para a região em detrimento da Barra da Tijuca, conforme vimos. Apesar do privilégio dado à região da Barra – um dos maiores pontos negativos do projeto em termo de legado urbano para a cidade – a crescente mobilização em prol da revitalização do Porto poderá concretizar um legado nos moldes de Barcelona, com o necessário diferencial social.

Conclusão

Ainda restando alguns anos para o início do evento, podemos concluir que, apesar das contradições, ainda é possível integrar o planejamento dos jogos a uma visão de longo prazo para a cidade do Rio de Janeiro, contando com uma participação efetiva e constante da população em geral.

Referências

BARNEY, R. *Do Olympic Host Cities Ever Win?* Disponível em http://roomfordebate.blogs.nytimes.com/2009/10/02/do-olympic-host-cities-ever-win/. Acesso em 28/06/2011.

BINDER, D. *The legacy of the Olympic games for education. The legacy of the Olympic Games: 1984-2000.* Lausanne: International Symposium, 14th, 15th and 16th November 2002 / organized by the International Chair in Olympism: Olympic Studies Centre of the Autonomous University of Barcelona and Olympic Studies Centre of the International Olympic Committee – Lausanne: International Olympic Committee, 2003.

BOURDIEU, P. Programa para uma sociologia do esporte. In: BOURDIEU, P. *Coisas ditas*. São Paulo: Brasiliense, 1990.

_____. Algumas propriedades dos campos. In: BOURDIEU, P. *Questões de sociologia*. Rio de Janeiro: Marco Zero, 1983a.

_____. Como é possível ser esportivo? In: BOURDIEU, P. *Questões de Sociologia*. Rio de Janeiro: Marco Zero, 1983b.

_____. Os Jogos Olímpicos. In: BOURDIEU, P. *Sobre a televisão*. Rio de Janeiro: Zahar, 1997.

BOURG, Jean-François. *Economia do esporte*. Bauru: Edusc, 2005.

BRUNET, F. *Análisis económico de los juegos olímpicos de Barcelona'92: recursos, financiamiento e impactos*. In: MORAGAS, M. e BOTELLA, M. (eds.) *Las Claves del Êxito; impactos sociales, desportivos, económicos y comunicativos de Barcelona' 92*. Barcelona: Universidad Autònoma de Barcelona, 1996, p. 250-285.

CASHMAN, R. *Impact of the Games on Olympic host cities: university lecture on the Olympics*. Barcelona: Centre d'Estudis Olímpics (UAB). International Chair in Olympism (IOC-UAB). Barcelona, 2002.

_____. *What is "Olympic Legacy"? The legacy of the Olympic Games: 1984-2000*. Lausanne: International Symposium, 14th, 15th and 16th November 2002 / Organized by the International Chair in Olympism: Olympic Studies Centre of the Autonomous University of Barcelona and Olympic Studies Centre of the International Olympic Committee. – Lausanne: International Olympic Committee, 2003.

COAFFEE, J. Recasting the "Ring of Steel": Designing out terrorism in the City of London. In: *Cities, War and Terrorism: Towards an urban geopolitics*, S. Graham (ed.). Oxford: Blackwell. 2004.

CODEA, A.; CODA, J. e BERESFORD, H. Uma perspectiva histórica sobre os Jogos Olímpicos: da pré-história dos Jogos a Barão de Coubertin e o ideal olímpico. In: *Coletânea de textos em estudos olímpicos*, volume 1. Rio de Janeiro: Editora Gama Filho, 2002.

COOB 92. Plano dos Jogos Olímpicos de Barcelona 1992. COOB 92, Barcelona, 1992.

DA COSTA, L.P. *Olympic studies; current intellectual crossroads*. Rio de Janeiro: Gama Filho, 2002.

DA COSTA, L. e MIRAYAGA, A. *Estado da Arte do Conhecimento sobre Legados de Megaeventos Esportivos no Exterior e no Brasil.* Legados dos Megaeventos esportivos. Brasília, 2008. Ministério dos Esportes.

EARP, F.S. *O que é a economia do entretenimento. Pão e Circo: limites e perspectivas da economia do entretenimento*. Rio de Janeiro: Palavra e Imagem. 2002.

FILHO, C.M. *Televisão, a vida pelo vídeo*. São Paulo: Moderna, 1998.

FUSSEY, P.; COAFFEE J.; ARMSTRONG, G. e HOBBS, D. *Sustaining and Securing the Olympic City: Reconfiguring London for 2012 and Beyond*. Aldershot: Ashgate, 2010.

GARCÍA, B.G. *The concept of Olympic cultural programmes: origins, evolution and projection*. UAB, 2002.

GARCÍA F.M. *Aspectos Sociales del Deporte*. Madrid, Alianza Editorial, 1990.

HALL, P. *Cities of Tomorrow*. Oxford: Blackwell. 2002.

HEINEMANN, K. *The economics of sport: the institution of modern sport as an area of economic competition.* In: LANDRY, F.; LANDRY, M. e YÉRLES, M. (eds.) Sport...The Third Millennium. Quebec: Les Presses de L'Université Laval, 1991.

IANNI, O. *Enigmas da Modernidade-Mundo*. Rio de Janeiro: Civilização Brasileira, 2000.

IOC. *Olympic Solidarity, Creation and Development*. Olympic Solidarity, IOC, Lausanne, 2006.

_____. *Where the Action Is*. Olympic Solidarity, Lausanne, 2009.

JÚNIOR, J.; MORAIS, E. e BERESFORD, H. Uma reflexão filosófica sobre o processo do Olimpismo na relação da physis, tendo o Esporte como meio e o Ser Humano como o fim. In: *Coletânea de textos em estudos olímpicos*, volume 1. Rio de Janeiro: Editora Gama Filho, 2002.

LOCOG. *Plano dos Jogos Olímpicos Londres 2012*. Londres, LOCOG, 2012.

MACRURY, I. *Regeneração Social e Cultural/Social and Cultural Regeneration*. In: Legados de Megaeventos Esportivos. LAMARTINE D.C.; CORRÊA, D.; RIZZUTI, E.; VILLANO, B. e MIRAGAYA, A. (orgs.) ISBN. 978-85-61892-00-5 Brasília: Ministério do Esporte, 2008.

MATHESON, V. *Do Olympic Host Cities Ever Win?: Happiness and Other Intangible Benefits*. http://roomfordebate.blogs.nytimes.com/2009/10/02/do-olympic-host-cities-ever-win/ Acesso em 28/06/2011.

MINISTÉRIO DOS ESPORTES. *Legados dos Megaeventos esportivos*. Brasília, 2008.

PARRY, J. *Olympism for the 21st Century*. Centre d'Etudis Olímpics (CEO). Universitat Autònoma de Barcelona (UAB). 2003.

PIERI, D.R.D. *Brasil se consagra sede olímpica – Rio 2016: Auge de uma potência? Brazil is consecrated Olympic host – Rio 2016: Peek a power?* UNB. Brasília, 2009.

POUND, R.W. *Inside the Olympics*. Canadá: Wiley, 2004.

POYTER, G. *Regeneração urbana e Legado Olímpico de Londres 2012*. Legados dos Megaeventos esportivos. Brasília, 2008. Ministério dos Esportes.

PREUSS, H. *Economics of Olympic Games. Hosting the Games 19722000*. Sydney: Walla Walla Press, 2000.

_____. Winners and Losers of the Olympic Games. In: HOULIHAN, B. *Sport and Society*. Thousand Oaks: Sage, 2001.

PRONI, M.W. A reinvenção dos Jogos Olímpicos: Um projeto de Marketing. *Revista Esporte e Sociedade*. UFF, Rio de Janeiro, 2008

ROLNIK, R. O impacto dos megaeventos esportivos para o Direito à Moradia. UN. New York, 2010.

RUBIO, K. Do Olimpismo ao Pós-Olimpismo: Elementos para uma reflexão sobre o Esporte atual. *Revista Paulista de Educação Física*. São Paulo, 2002.

SILVA, L.H. Coubertin e os valores religiosos dos esportes modernos. *Coletânea de textos em estudos olímpicos*, volume 1. Rio de Janeiro: Editora Gama Filho, 2002.

STIGLITZ, J.E. *A globalização e seus malefícios*. São Paulo, Futura, 2002.

TRUÑÓ, E. *Barcelona, ciudad del deporte*. MORAGAS, M.; BOTELLA, M. (orgs.): Las claves del éxito. Barcelona: UAB, 1992.

VAINER, C. *A lógica da cidade-empresa: investimento no modelo catalão de marketing urbano silencia diversidade local*. Rio de Janeiro, O GLOBO, 02/08/2011, página 4, caderno Prosa e Verso.

VOLRATH, A. Eternity games. D. Adair, B. Coe, & N Gouth (orgs.) *Beyond the torch—Olympics and Australian culture*. Melbourne: Australian Society for Sports History, 2005.

WAGAR, B.M. Marginal Benefit of Hosting the Summer Olympics: Focusing on BRIC Nation Brazil (Rio 2016). Global Studies Student Papers. Paper 17. 2009.

http://digitalcommons.providence.edu/glbstudy_students/17 WEISS, L. States in the Global Economy. Cambridge: Cambridge University Press, 2003.

ZIMBALIST, A. *Is it worth it?* IMF, Washington, 2010.

_____. Do Clympic Host Cities Ever Win? : Not a Rosy Picture. http://roomfordebate.blogs.nytimes.com/2009/10/02/do-olympic-host-cities-ever-win/ Acesso em 28/06/2011.

http://www.olympic.org/en/content/Olympic-Games/Ancient-Olympic-Games/?Tab=0 Acesso em 05/08/2010.

http://www.cob.org.br/jogos_olimpicos/home.asp Acesso em 05/08/2010.

http://www.olympic.org/en/content/Olympic-Games/Ancient-Olympic-Games/?Tab=2 Acesso em 05/08/2010.

http://www.cob.org.br/jogos_olimpicos/home.asp Acesso em 05/08/2010.

http://www.olympic.org/en/content/The-IOC/Governance/Introductionold/ Acesso em 10/08/2010.

http://www2.rio.rj.gov.br/smu/compur/pdf/projeto_porto_maravilha.pdf Acesso em 10/10/2010.

http://www.rio.rj.gov.br/web/smh/exibeconteudo?article-id=125406 Acesso em 10/10/2010.

http://www.observatoriodefavelas.org.br/observatoriodefavelas/noticia.php?id_content=868 Acesso em 11/10/2010.

CAPÍTULO **6**

Gestão do Conhecimento como Elemento de Otimização e Suporte do Processo de Gestão de Legados de Megaeventos Esportivos

Bernardo Villano

Introdução

Este capítulo resume uma pesquisa realizada com base na experiência dos Jogos Pan-americanos do Rio de Janeiro, em 2007, e nas diversas candidaturas a megaeventos que se sucederam na Cidade onde a gestão de legados foi apresentada como fator crucial no processo de organização.

É possível observar que a cada edição dos maiores eventos esportivos a questão do legado ganha importância. Estudar este fenômeno e buscar maneiras de potencializá-lo torna-se um dos desafios encontrados por aqueles responsáveis por esses projetos.

No Brasil, em especial, diante da possibilidade de se utilizar esses eventos como elementos catalisadores de importantes mudanças culturais, sociais e econômicas, tão urgentes em nosso país, o aprofundamento dos estudos relativos ao legado dos megaeventos torna-se ainda mais relevante.

Na pesquisa realizada, a palavra "legado"[1] assumiu o referencial de "consequências planejadas a partir da organização de um evento" apresentado por Cashman (IOC, 2003, p. 33). A opção justifica-se pelo fato de que este referencial transmite a ideia de ação voltada para o futuro. Nota-se, no entanto, que seja devido à incipiência de pesquisas a respeito do assunto ou devido sua natureza complexa e multidisciplinar, diferentes sentidos têm sido atribuídos à palavra "legado". No geral, quanto ao estudo do legado foram identificados dois problemas centrais: a incipiência e a desorganização de dados e informações a respeito de legados de megaeventos esportivos; a ausência de métodos e ferramentas para a gestão das informações geradas, a partir das experiências vividas em projetos realizados tanto no Brasil quanto no exterior.

Desta forma o objetivo desta pesquisa foi elaborar um modelo conceitual para ordenar as informações de domínio da prática. O modelo foi concebido a partir da aproximação dos conceitos da teoria de criação do conhecimento organizacional, proposta por Nonaka e Takeuchi (1997), com as percepções do autor sobre a prática gerencial de megaeventos esportivos.

---

[1] A revisão de literatura teve como base a análise do livro "Legados de Megaeventos Esportivos" (DA COSTA, *et al.*, 2008) que buscou levantar o estado da arte dos conhecimentos produzidos sobre megaeventos e legados no exterior e no Brasil.

O modelo, após desenvolvido, foi aplicado junto a especialistas e pesquisadores, visando não só testar a sua própria eficácia, como também contribuir para otimizar e contribuir com a gestão de legado em futuros projetos.

Neste contexto de alta complexidade, pouco conhecimento disponível e foco no futuro, a gestão do conhecimento foi a disciplina escolhida para embasar a construção e aplicação do modelo, pois visa possibilitar a criação e a inovação, por meio da valorização e utilização do que as pessoas produzem. Em suma, trata da criação em um ambiente facilitador do processo de criação, do compartilhamento e do uso do conhecimento que existe na organização.

Construindo o Modelo

Apesar da frequente utilização da estrutura piramidal (*top-down*) de organização das empresas, em que a direção e a alta gerência encontram-se no topo e os trabalhadores da linha de frente na base dessa estrutura, tal formatação tem sido bastante contestada dentro das teorias de Gestão do Conhecimento.

De acordo com Nonaka e Takeuchi, nesse tipo de estrutura a premissa é de que apenas os altos gerentes são capazes e podem criar conhecimento, cabendo aos demais a simples aplicação do que foi elaborado por eles.

Outro modelo de gestão empresarial apresentado, e também criticado, é o modelo de pirâmide invertida ou *bottom-up*, onde no lugar da hierarquia existe a autonomia. Nesse modelo os altos gerentes dão poucas ordens e instruções, servindo como patrocinadores de funcionários empreendedores da linha de frente.

Segundo os mesmos autores, esses dois modelos não se mostram muito adequados com o processo de gerenciar a criação do conhecimento, principalmente por não viabilizarem a interação em nível de grupo, possibilitando o diálogo direto entre os membros da equipe, para que possam expressar seus próprios pensamentos, revelando o conhecimento tácito oculto contido em cada um dos indivíduos.

O modelo tido como ideal seria o modelo denominado *middle-up-down*, que destaca a participação do gerente de nível médio, função pouco reconhecida e relevada pelos outros dois.

Nesse sentido cabe a esse profissional fazer a ponte entre os ideais visionários da alta gerência e as realidades dos negócios enfrentadas pelos funcionários da linha de frente. Ninguém é mais especialista na realidade dos negócios de uma empresa do que esses últimos, pois são eles que estão imersos nos detalhes do dia a dia, de tecnologias, produtos e mercados específicos.

No outro extremo da hierarquia encontra-se a alta gerência, com sua função de criar uma noção de direção, uma visão ou um sonho, que deverá ser transformado em conceitos mais concretos pelos gerentes de nível médio, para que possam ser compreendidos, trabalhados e implementados pelos funcionários da linha de frente.

Dentro do entendimento de que o conhecimento hoje se transformou no principal ativo das empresas, Nonaka e Takeuchi (1997) apresentam a teoria de criação do conhecimento organizacional, na qual o desenvolvimento se dá com base no entendimento de que os conhecimentos que os indivíduos possuem podem fazer com que cada organização desenvolva suas próprias soluções, adequadas às demandas e características específicas de cada circunstância e momento. Tais autores utilizam-se dos conceitos de conhecimento tácito e conhecimento explícito, propostos por Michael Polanyi, e defendem que a criação e expansão do conhecimento humano se dão através da interação social entre eles.

Conhecimento tácito e conhecimento explícito não são autoexcludentes e sim mutuamente complementares. O primeiro é pessoal, específico ao contexto, difícil de ser sintetizado e comunicado. Constituído por elementos cognitivos (modelos mentais, como esquemas, paradigmas, perspectivas, crenças e pontos de vista) e técnicos (know-how, técnicas e habilidades). O segundo é o conhecimento transmissível em linguagem formal ou sistemática, expresso em palavras e números, constituído pela racionalidade, ligado à teoria (NONAKA e TAKEUCHI, 1997). Esse processo de interação entre os conhecimentos tácitos e explícitos é conhecido como o Processo de Conversão do Conhecimento, ou Processo SECI, que representa as quatro vias de interação possíveis entre esses conhecimentos (**S**ocialização, **E**xternalização, **C**ombinação e **I**nternalização). Um processo que se dá sempre entre os indivíduos e nunca dentro de um e que por isso depende da predisposição das pessoas para a adoção de alguns comportamentos.

Contudo, o SECI só se faz eficaz quando os novos conhecimentos gerados entre os indivíduos são socializados na organização. Ele se inicia no nível individual e vai progredindo para o grupal, organizacional e até mesmo interorganizacional, ampliando comunidades de interação que cruzam fronteiras entre seções, departamentos, divisões e organizações. A esta dinâmica de criação do conhecimento, Nonaka e Takeuchi dão o nome de Espiral do Conhecimento, pois como pode ser visto no esquema a seguir, trata-se de um processo que ocorre continuamente, sem que haja um ciclo preestabelecido e que nunca retorna ao estágio anterior. A cada giro dentro dos quatro modos de conversão do conhecimento atinge-se um nível superior de entendimento a respeito do assunto, que só é possível a partir dessas interações entre os envolvidos.

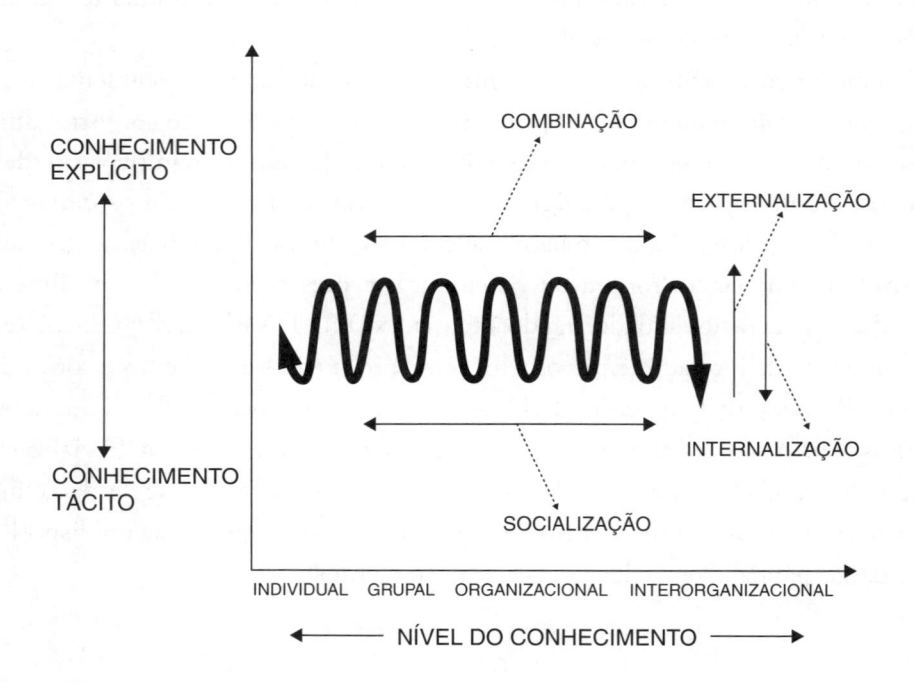

Voltando nosso foco de análise ao ambiente organizacional dos megaeventos esportivos, principalmente no Brasil, é possível identificar dois níveis de ação, distintos, porém complementares.

O primeiro nível de ação diz respeito ao contexto macro do evento e está ligado à definição de estratégias organizacionais. O papel a ser desempenhado, conforme o que temos observado, cabe à alta gerência, sendo ela a responsável pela orientação do projeto.

```
    VISÃO                                    ESTRATÉGIA
  CIENTÍFICA                                ORGANIZACIONAL

              MACRO
           Conhecimento Explícito
              ↙   ↓   ↘
  ═══════════════════════════════════

              ↖   ↑   ↗
           Conhecimento Tácito
              MICRO

  EXPERIÊNCIA                                 OPERACIONAL
```

Suas ações parecem estar fundamentadas essencialmente em conceitos advindos de uma visão científica, na medida em que precisam ser convincentes e facilmente justificadas. Diante destas características podemos inferir que os conhecimentos explícitos precisam ter um papel de destaque neste processo.

O segundo nível de ação está atrelado ao contexto micro ou operacional do evento, baseado essencialmente na experiência de profissionais especializados. Os elementos técnicos e subjetivos do conhecimento passam a trabalhar em conjunto para permitir a adequação às mais variadas situações reais. Desta forma temos os conhecimentos tácitos como elementos centrais do processo.

A dicotomia aqui observada entre estratégia e operação, separadas por uma área obscura onde não se sabe bem quem atua ou o que se faz ali, foi considerado o principal empecilho para um adequado desenvolvimento de legados a partir desses eventos. A afirmação baseia-se no fato de que o processo de conversão do conhecimento (SECI) seja de fundamental importância para o desenvolvimento de legados, pois, na medida em que cada evento e cada cidade-sede demandam iniciativas e soluções específicas, são diretamente influenciadas pelo contexto no qual estão inseridos, percebe-se de imediato a necessidade da criação contínua de novos conhecimentos. Dessa forma, a simples réplica do que obteve sucesso em um determinado local e momento não garantiria o sucesso da ação.

Assim sendo, se não houver uma relação direta e facilitada entre a área estratégica – que é a principal articuladora de conhecimentos explícitos da organização – e a área operacional – rica em sua prática no uso dos conhecimentos tácitos – haverá um importante obstáculo para que a espiral do conhecimento possa ocorrer nessa organização. Busca-se, portanto, que o planejamento e a implementação de estratégias se deem de forma integrada e não se restrinjam a relações pessoais ou a setores específicos. Nesse contexto, a ação do gerente de nível médio personifica o articulador entre as duas esferas da gestão e o facilitador entre os diferentes níveis da organização.

O modelo conceitual criado deverá classificar o objeto a ser estudado de acordo com os dois níveis de ação propostos: Macro – Conceitual e Micro – Operacional. Esta classificação permitirá que se estabeleça a conduta ideal[2] a fim de que novos conhecimentos possam ser criados a partir do processo de conversão do conhecimento SECI (segundo momento). Em suma, não se pode criar conceitos desconsiderando-se as questões operacionais, sob o risco desses conceitos se mostrarem inviáveis; assim como soluções operacionais não podem estar desatreladas de conceitos chaves da organização, pois correm o risco de se mostrarem inadequadas ou indesejáveis.

O segundo momento está condicionado a determinadas características organizacionais que viabilizam desenvolvimento do processo de conversão do conhecimento (SECI) e, como já foi apontado, da ação do gerente de nível médio. Dentre essas características organizacionais destacam-se: a visão do conhecimento e a criação de um contexto capacitante. Outras três características importantes são: (1) o tipo e o conteúdo do conhecimento a ser desenvolvido na organização, contribuindo de forma decisiva para o direcionamento e estímulo para a criação do conhecimento. Essa característica fornece aos membros da organização uma visão de futuro e estabelece um referencial comum para se julgar a validade e importância do que se cria; (2) garantir que haja interação entre as pessoas e que a subjetividade individual seja compreendida e compartilhada. Essa relação pode ocorrer dentro ou entre os diferentes níveis hierárquicos da organização e até mesmo entre organizações distintas. O importante é que se derrubem tantas barreiras pessoais e organizacionais quanto possível, estimulando-se novos relacionamentos; (3) a disseminação, por toda a organização, e também para fora dela, do conhecimento criado. Esta fase se mostra importante na medida em que ela estimulará a criação de

---

[2] Conduta ideal é aquela que buscará a complementação necessária, em termos de conhecimento, para a concretização da ação. Isto significa que ao classificarmos uma iniciativa como pertencente ao contexto macro do evento, ligado à estratégia, torna-se necessário que se invista na obtenção de referenciais operacionais e vice-versa.

novos processos de conversão do conhecimento e principalmente porque irá contribuir de forma singular para o envolvimento de toda a organização no processo, fazendo com que esses novos conhecimentos gerados estejam disponíveis a todos, garantindo que eles possam ser considerados verdadeiros recursos da organização.

Concluindo o modelo, o que se propõe neste capítulo é a criação de um modelo de gestão que permita e estimule a interação entre os níveis operacional e estratégico visando otimizar o processo de criação e utilização do conhecimento nas organizações esportivas responsáveis pelos megaeventos esportivos.

Aplicando o Modelo

A fim de testar a adequação deste modelo, elaborou-se, em conjunto com especialistas e pesquisadores da área, um roteiro de entrevista que tinha como finalidade buscar extrair dos entrevistados interpretações e *insights* a respeito de alguns importantes tópicos do modelo concebido.

Dois grupos distintos de informantes foram definidos. Um (Especialistas) contendo profissionais ligados à área de gestão esportiva e o outro (Pesquisadores) composto por teóricos ligados aos estudos dos megaeventos esportivos e de seus legados.

O grupo de pesquisadores foi composto por seis teóricos vindos de diferentes países (Alemanha, Reino Unido, Estados Unidos e Brasil) que estiveram presentes em dois eventos acadêmicos realizados no Brasil (Seminário Gestão de Legados de Megaeventos Esportivos, Rio de Janeiro, maio de 2008 e 2º Fórum de Desenvolvimento do Esporte Olímpico no Brasil, Porto Alegre, novembro de 2008).

O grupo dos especialistas foi composto por cinco profissionais que tiveram envolvimento direto com os maiores eventos ou projetos de eventos esportivos realizados no Brasil até então, além da participação em diferentes megaeventos realizados no exterior.

Não se pretendia com as questões apresentadas medir o grau de conhecimento do respondente ou confrontar suas respostas com algum referencial teórico pre-estabelecido. Assim como não se buscava um julgamento do nosso modelo ou de seus conceitos-chave.

Portanto, o que procuramos fazer foi ilustrar situações específicas nas quais esses conceitos e os conhecimentos que nos guiaram na formulação do modelo estivessem em destaque, para observar o posicionamento dos entrevistados a respeito do exposto.

Dessa maneira, foram formuladas 11 questões abertas, sendo 10 destinadas a especialistas e pesquisadores e 1 apenas a pesquisadores, conforme roteiro a seguir:

REFERENCIAL TEÓRICO	QUESTÃO
Os legados vêm a cada dia ganhando maior destaque dentro das discussões relacionadas com os megaeventos	Quais são os pontos mais importantes a serem cogitados para que se tenha um bom entendimento do que seja megaevento? E legado?
	De acordo com sua experiência, você consegue identificar alguma diferença entre impacto positivo e legado?
Toda ação ou intervenção proposta gera um impacto, que pode ser considerado positivo ou negativo	Você consegue identificar uma situação em que podemos observar a transformação de um impacto negativo em um impacto positivo ou vice-versa?
Dividindo a organização de um megaevento esportivo em duas esferas básicas de atuação (Macro – Estratégica & Micro – Operacional)	Onde você acredita que consultores, vindos de organizações anteriores, deveriam atuar?
	Em sua opinião, qual é a importância do estabelecimento de uma visão para o desenvolvimento de legados?
Os megaeventos vêm se tornando cada dia mais complexos. Equipes multidisciplinares são cada dia mais importantes na organização desses eventos	Em sua opinião, essa nova forma de organização é importante para o desenvolvimento de legados?
Assumindo o legado como uma herança duradoura e positiva resultante de um impacto anterior...	Em sua opinião, quais deveriam ser os principais referenciais para a avaliação de um possível legado? Como poderíamos classificar uma herança como positiva?
APENAS PARA PESQUISADORES	Você considera os estudos longitudinais importantes para a investigação do tema legado?
Momentum de legado é um termo utilizado para caracterizar a capacidade de perpetuação dos efeitos positivos de um legado	Que elementos você julga importantes para que o *momentum de legado* possa existir?
	A inovação pode ser considerada importante para o processo de desenvolvimento de legados?

REFERENCIAL TEÓRICO	QUESTÃO
	Em sua visão, quais os pontos fundamentais para o desenvolvimento de um modelo de gestão de legados?

Todas as respostas recebidas foram tabuladas, buscando-se aproximações ou distanciamentos, para que esses elementos pudessem servir de referência para a verificação da coerência do modelo conceitual proposto com os relatos e interpretações dos entrevistados.

Para que a tabulação pudesse ser realizada, foram interpretadas as respostas dos entrevistados em busca dos elementos centrais apresentados em cada uma delas.

Os elementos centrais, que poderiam se referir a respostas diretas às questões (que estão identificadas em negrito) ou a comentários relevantes dentro do assunto em questão, deram origem a categorias de respostas.

Cada resposta, então, foi relacionada com uma das categorias de respostas e deu origem às análises apresentadas a seguir.

A Questão 1 procurava identificar, a partir da percepção de cada um dos entrevistados, quais seriam os pontos principais para se permitir um bom entendimento do que vem a ser megaevento e legado.

O Quadro 6.1 nos mostra uma grande dispersão nas respostas (14 pontos principais para megaevento e 16 pontos principais para legado), sendo que muitos deles apresentaram frequência de apenas uma ou duas citações, indicando que não existe um consenso a respeito dos pontos principais para o entendimento desses dois tópicos.

Os pontos que apresentaram a maior incidência de respostas, dentro do entendimento de megaevento, foram "Grande volume de recursos financeiros envolvidos" e "Grande número de pessoas envolvidas (staff, atletas, público)", com 5 citações cada um, o que corresponde a aproximadamente 14% de todas as respostas para cada ponto.

Já para o entendimento a respeito de legados, destacaram-se os pontos "Investimento em instalações e infraestrutura construída", com 8 citações ou 20% de todas as respostas e "Benefícios para a população de onde o megaevento ocorre" e "criação de um sentido de continuidade", com 4 citações ou 10% de todas as respostas cada.

QUESTÃO 1

Os legados vêm a cada dia ganhando maior destaque dentro das discussões relacionadas com os megaeventos. Quais são os pontos mais importantes a serem cogitados para que se tenha um bom entendimento do que seja megaevento?

	Frequência	Especialista	Pesquisador
Grande volume de recursos financeiros envolvidos	5	1	4
Causa impacto sobre a cidade ou país sede	2	2	0
Investimento em infraestrutura	2	1	1
Abrangência internacional	4	1	3
Grande envolvimento da mídia	3	0	3
Grande porte	1	0	1
Grande número de pessoas envolvidas (staff, atletas, público)	5	3	2
Exigem um importante processo de planejamento	2	1	1
Alta complexidade	3	2	1
Multiesportivo	3	1	2
Múltiplos locais de competição	2	2	0
Frequência de realização controlada	1	0	1
Capacidade de indução de coalização política	1	0	1
Grande atenção à questão de segurança	1	0	1

Os legados vêm a cada dia ganhando maior destaque dentro das discussões relacionadas com os megaeventos. Quais são os pontos mais importantes a serem cogitados para que se tenha um bom entendimento do que seja legado?

	Frequência	Especialista	Pesquisador
Justificativa para todo o investimento realizado	2	0	2
Contribuem para o fortalecimento de uma imagem positiva do evento	2	0	2
Dificuldade de significação do termo	1	0	1
Está atrelado às heranças deixadas pelo evento	2	1	1
Benefícios para a população de onde o megaevento ocorre	4	2	2
Resultados concretos e sustentáveis para o futuro	3	1	2
Capacidade de utilização pós-evento	1	1	0
Criação de um sentido de continuidade	4	2	2
Duas categorias possíveis: legados tangíveis e intangíveis	2	1	1
Atração da atenção do mundo para a localidade onde o evento ocorre	1	0	1
Fortalecimento da imagem local	2	0	2
Qualificação de mão de obra	3	2	1
Produção de conhecimento	2	2	0
Fortalecimento do sentimento cívico	2	0	2
Mudança no comportamento da população local	1	1	0
Investimentos em instalações e infraestrutura construídas	8	5	3

Quadro 6.1 Tabulação de Respostas da Questão 1

A Questão 2 que buscava, a partir da experiência anterior dos entrevistados, verificar a diferença entre impacto positivo e legado apresentou respostas muito mais coesas, como pode ser observado no Quadro 6.2.

O referencial de duração dos efeitos do impacto (imediato) e do legado (duradouro) foi a principal diferença apresentada pelos entrevistados, correspondendo a aproximadamente 54,5% do total de respostas.

É interessante notar, contudo, que dois especialistas apresentam uma interpretação inversa do significado desses termos. Para esses o legado é o que está disponível a partir da realização do evento (imediato) e já o impacto estaria ligado ao uso desses legados no período pós-evento.

Tal situação também foi observada por nós durante nossa revisão de literatura a respeito do tema do legado, em que este algumas vezes era tratado como uma lista de equipamentos, instalações ou construções resultantes da organização de um megaevento. Isto mais uma vez ilustra que ainda não existe um consenso a respeito do significado deste termo e que diferentes perspectivas podem ser adotadas em diferentes contextos.

QUESTÃO 2

De acordo com sua experiência, você consegue identificar alguma diferença entre impacto positivo e legado?

	Frequência	Especialista	Pesquisador
O legado é algo duradouro, já o impacto algo imediato	6	2	4
Não identifica diferença por não identificar significado para legado. Significam efeito ou consequência	1	0	1
As intervenções propostas e executadas em função do evento (construção de instalações esportivas, infraestrutura...) são os legados e estes podem gerar impactos positivos	2	2	0
O impacto positivo é algo esperado a partir de uma ação. Já o legado vai além de um retorno já esperado e diz respeito a um envolvimento emocional das pessoas com esse impacto	1	0	1
Não apresentou uma resposta definitiva	1	1	0

Quadro 6.2 Tabulação de Respostas da Questão 2

A Questão 3 foi uma das que apresentou o maior grau de coesão de todas. Ela tratava a respeito da possível transformação de impactos positivos em negativos ou vice-versa. De um total de 20 respostas, 19 afirmaram serem possíveis tais transformações e 1 não se mostrou definitiva. Desta forma, 100% das respostas foram afirmativas quanto à possibilidade de transformação da natureza de um impacto.

Um ponto muito importante, porém, diz respeito a uma análise qualitativa destas respostas. 47% de todas elas fazem menção ao referencial que se utiliza para dizer o que é positivo ou negativo. Afirmam que aquilo que é considerado positivo por uns pode não ser considerado positivo por outros e isto pode fazer toda a diferença dentro das discussões relacionadas com legados, se o assumirmos como uma herança positiva e duradoura.

Tal interpretação nos alerta para um fator crucial dentro de um pretenso ambiente de gestão de legados. É essencial que todos os critérios e referenciais de análise estejam claros e disponíveis a todos os envolvidos no processo, pois só assim será possível se garantir coerência entre eles.

QUESTÃO 3

Você consegue identificar uma situação na qual podemos observar a transformação de um impacto negativo em um impacto positivo ou vice-versa?

	Frequência	Especialista	Pesquisador
Sim, dependendo do ponto de vista que for utilizado para sua avaliação	9	4	5
Sim, dependendo do momento histórico em que for avaliado	5	3	2
Sim, dependendo da ação dos envolvidos	5	2	3
Não apresentou uma resposta definitiva	1	1	0

Quadro 6.3 Tabulação de Respostas da Questão 3

A Questão 4 apresenta nossa percepção a respeito do contexto da gestão de megaeventos esportivos, conforme explicitado no Capítulo 5, dividida em duas esferas básicas de atuação (Macro – Estratégica e Micro – Operacional). A partir dessa contextualização é solicitado que o entrevistado aponte onde a ação dos consultores, vindos de organizações anteriores, seria mais indicada.

Aproximadamente 72% das respostas (8) afirmam que esta ação poderia se dar em ambas as esferas. Mas vale ressaltar que praticamente todas as respostas salientam a necessidade de se considerar as características específicas locais dentro de um processo de consultoria, estando ele acontecendo na esfera macro, na micro ou em ambas.

A necessidade de integração entre as duas áreas, explicitada no modelo conceitual como fundamental, aparece como resposta de dois pesquisadores e como comentário de outros dois, valendo destacar a seguinte resposta:

> A função do consultor deveria ser a de viabilizar o diálogo entre os dois níveis, fazendo com que os conceitos tácitos do nível estratégico cheguem de forma explícita ao nível operacional.

Ao reportar-nos ao Capítulo 4, poderemos facilmente sobrepor esta função sugerida à função do gerente de nível médio no modelo gerencial *midle-up-down*. Compartilhamos desta sugestão por entender que se trata de uma função crucial dentro do processo de gestão e por julgar que os conhecimentos adquiridos em experiências anteriores sejam um importante referencial na avaliação de estratégias para a aproximação destes dois níveis.

QUESTÃO 4

Dividindo a organização de um megaevento esportivo em duas esferas básicas de atuação (Macro – Estratégica & Micro – Operacional)... Onde você acredita que consultores, vindos de organizações anteriores, deveriam atuar?

	Frequência	Especialista	Pesquisador
Em ambas	5	3	2
Em ambas. Mas com ação principal na esfera macro	2	1	1
Em ambas. Mas com ação principal na esfera micro	1	0	1
Na esfera macro	1	1	0
Nem em uma, nem em outra. O grande desafio está em viabilizar a integração entre as duas esferas.	2	0	2
Quem atua na esfera micro tem que conhecer a especificidade da região onde o evento irá ocorrer	2	1	1
A esfera macro está diretamente ligada a decisões políticas, logo, relacionada com o nível governamental	2	1	1
Os conhecimentos gerados em eventos anteriores são essenciais	3	1	2
É preciso que as colaborações, tanto na esfera macro, como na micro, estejam sempre adaptadas às circunstâncias locais	1	0	1
É preciso que ocorra uma integração entre as duas esferas	2	0	2

Quadro 6.4 Tabulação de Respostas da Questão 4

Com relação ao estabelecimento de uma visão para o desenvolvimento de legados, conforme apresentado na Questão 5, os entrevistados opinaram que esta se mostra importante para "garantir um referencial comum aos vários envolvidos" (5 citações ou aproximadamente 41% das respostas), "garantir um compromisso dos envolvidos com o longo prazo" (3 citações ou 25% das respostas) e "por estar extremamente relacionada com a estratégia / planejamento do evento" (3 citações ou 25% das respostas). Cem por cento das respostas apontaram o estabelecimento de uma visão como importante para o desenvolvimento de legados.

Na medida em que o modelo visa ao trabalho conjunto de atores oriundos de diferentes níveis hierárquicos, funções e até mesmo contextos, corroboramos com o entendimento de que a visão seja peça fundamental para o desenvolvimento do processo, assumindo o papel de orientadora e motivadora da ação dos envolvidos.

QUESTÃO 5

Na sua opinião, qual é a importância do estabelecimento de uma visão para o desenvolvimento de legados?

	Frequência	Especialista	Pesquisador
É importante para garantir um compromisso dos envolvidos com o longo prazo	3	2	1
É importante para garantir um referencial comum aos vários envolvidos	5	2	3
É importante para o desenvolvimento de legados por estar extremamente relacionada com a estratégia (planejamento do evento)	3	1	2
É importante, mas muito difícil de ser criada devido à variedade de interesses apresentada pelos diferentes envolvidos e interessados	1	0	1
É importante que seja comunicada a todos da organização	2	2	0
É importante que se tenha um acompanhamento a respeito do cumprimento desta visão	2	2	0
É importante que a visão esteja de acordo com a realidade do operacional	2	1	1

Quadro 6.5 Tabulação de Respostas da Questão 5

A Questão 6 trata da crescente complexidade dos megaeventos e da consequente multidisciplinaridade encontrada dentro de suas organizações. O que se procurou identificar foi a relação que os entrevistados poderiam estabelecer entre o desenvolvimento de legados e o trabalho de equipes multidisciplinares.

A análise das respostas nos mostra que aproximadamente 90% das respostas (10 respostas) salientam a importância das equipes multidisciplinares para o desenvolvimento de legados. Sendo que aproximadamente 63% delas (7 respostas) salientam a capacidade de ampliação das perspectivas de análise sobre um mesmo tema como o principal benefício advindo do desenvolvimento deste tipo de equipe.

Como podemos observar em diferentes questões analisadas até então, as possíveis perspectivas heterogêneas de análise dos impactos e consequentes legados desses eventos é muito recorrente no discurso dos entrevistados. Em certos momentos isto é colocado como um fator enriquecedor do processo, mas em sua grande maioria é apresentado como um verdadeiro desafio à gestão dos legados.

QUESTÃO 6

Os megaeventos vêm se tornando a cada dia mais complexos. Equipes multidisciplinares são cada vez mais importantes na organização desses eventos. Na sua opinião, essa nova forma de organização é importante para o desenvolvimento de legados?

	Frequência	Especialista	Pesquisador
Quanto maior a multiplicidade de profissionais atuando, maior o capital intelectual envolvido e mais rico será o produto final	1	1	0
Devido à complexidade do evento, e do tema legado é fundamental que se trabalhe com equipes multidisciplinares, pois só assim pode-se atender à demanda de todos, a partir de uma visão mais abrangente	5	1	4
Importante, pois um mesmo assunto pode ser observado e debatido a partir de pontos de vista distintos e complementares	2	1	1
O importante é que o legado seja assumido como um valor do projeto. Se isto ocorrer não importa se a equipe é multidisciplinar ou não, que ele será entregue	1	1	0
As equipes multidisciplinares têm uma melhor condição de discutirem legados	1	1	0
Deve existir um trabalho de produção conjunta entre os diferentes profissionais envolvidos com esses complexos eventos	1	0	1

	Frequência	Especialista	Pesquisador
A variedade de entendimentos possíveis a respeito do que possa ser um importante legado pode dificultar a tarefa	1	0	1
O fato de se trabalhar em uma equipe multidisciplinar já constitui um legado em termos de capacitação de mão de obra	1	1	0

Quadro 6.6 Tabulação de Respostas da Questão 6

Apesar de ser tratado pelos entrevistados como um assunto bastante complexo, conforme comentário anterior, parece haver certo consenso entre eles a respeito de como se deveria avaliar um possível legado. Para esta questão foram criadas apenas 7 categorias de respostas, contra por exemplo 14 ou 16 categorias quando a Questão 1 tratou a respeito dos conceitos de legado e megaevento.

As respostas para a Questão 7 apontam para três perspectivas principais: "Definir metas ainda durante o período de planejamento" (4 citações ou aproximadamente 19% das respostas), "Medir o efeito sobre a qualidade de vida da população" (4 citações ou aproximadamente 19% das respostas) e "Medir o número de pessoas atendidas" (4 citações ou aproximadamente 19% das respostas).

Os possíveis retornos à população em geral parecem ser o grande referencial para a avaliação de legados, quando fazemos uma análise qualitativa do material disponível em nossa Compilação das Respostas. Isto provavelmente se justifica pelo fato de hoje termos grande parte dos investimentos deste tipo de evento sendo realizado por iniciativa dos órgãos públicos. Assim, nada mais justo que os benefícios advindos destes investimentos sejam, de alguma forma, revertidos para quem direta ou indiretamente financia o estado.

QUESTÃO 7

Assumindo o legado como uma herança duradoura e positiva resultante de um impacto anterior... Na sua opinião, quais deveriam ser os principais referenciais para a avaliação de um possível legado? Como poderíamos classificar uma herança como positiva?

	Frequência	Especialista	Pesquisador
Definir as metas ainda durante o processo de planejamento	4	2	2
Acompanhar no período pós-evento o desenvolvimento do que foi planejado	3	0	3
Medir o efeito sobre a qualidade de vida da população	4	2	2
Necessidade de utilização de diferentes metodologias de medida	3	0	3
Utilização de referenciais qualitativos	2	1	1
Medir o número de pessoas atendidas	4	2	2
Potencial de manutenção da instalação	1	1	0

Quadro 6.7 Tabulação de Respostas da Questão 7

A Questão 8, direcionada exclusivamente aos pesquisadores era mais direta e perguntava a respeito da importância atribuída pelo entrevistado aos estudos longitudinais, para a investigação do tema legado.

Apesar de nenhuma categoria ter sido citada por mais de um dos entrevistados, 5 das 6 existentes são diretas na afirmação da importância deste método de pesquisa. A sexta e última categoria restante também permite classificar os estudos longitudinais como importantes no processo de investigação de legados, mas faz uma ressalva bastante significativa e que pode ser melhor compreendida a partir da resposta registrada em nossa compilação de respostas:

> Depende dos indicadores adotados. Por existirem tantos impactos intervenientes, que não têm relação alguma com o evento, deve-se ter muito cuidado ao relacionar mudanças de longo prazo com o evento em si. É necessário que se identifique exatamente o impacto que é gerado pelo evento e que este mesmo impacto seja medido em diferentes momentos. Desta forma pode-se dizer que os estudos longitudinais são importantes. Caso contrário não se pode relacionar as mudanças ocorridas com o evento.

QUESTÃO 8

Você considera os estudos longitudinais importantes para a investigação do tema legado?

	Frequência	Especialista	Pesquisador
Não existe outra maneira para se medir legados	1	0	1
São importantes, pois comparações entre diferentes realidades são muito difíceis de serem estabelecidas	1	0	1
Sugere que 15 anos são necessários para se estudar legados	1	0	1
Só é possível compreender os diferentes aspectos relacionados com os megaeventos com o acompanhamento deste movimento ao longo do tempo	1	0	1
Os estudos longitudinais são essenciais	1	0	1
Depende dos referenciais utilizados. Caso impactos intervenientes tenham algum efeito sobre esses referenciais, então os estudos longitudinais não devem ser utilizados	1	0	1
Questão não se adequa ao entrevistado	5	5	0

Quadro 6.8 Tabulação de Respostas da Questão 8

Retornando aos conceitos, a Questão 9 apresenta o *Momentum de Legado*, que é o termo utilizado para caracterizar a capacidade de perpetuação dos efeitos positivos de um legado. Diante desta contextualização pergunta-se quais seriam os elementos mais importantes para que este tal *momentum* pudesse existir.

Esta questão foi a que apresentou a maior grau de diferença entre as respostas dos entrevistados do grupo dos especialistas e do grupo dos pesquisadores. Das 7 categorias de respostas em que todas as 13 respostas dos pesquisadores se encontram, existem apenas 2 aparições de especialistas, uma em cada categoria. E o inverso também é verdadeiro. Das 6 categorias de respostas em que todas as 8 respostas dos especialistas se encontram, existem apenas 4 aparições de pesquisadores, 2 em cada categoria.

As respostas dos pesquisadores estão muito mais voltadas para o modo como as pessoas se relacionam com o processo, enquanto as respostas dos especialistas estão mais direcionadas aos processos e estruturas gerenciais disponíveis.

Tal situação é interessante para ilustrar como diferentes perspectivas sobre um mesmo assunto podem fazer surgir soluções distintas. Contudo, é muito importante frisar que tais soluções não se mostram de maneira alguma excludentes. Ao contrário, parecem ser complementares.

QUESTÃO 9

Momentum de legado é um termo utilizado para caracterizar a capacidade de perpetuação dos efeitos positivos de um legado. Quais elementos você julga importantes para que o *momentum de legado* possa existir?

	Frequência	Especialistas	Pesquisador
Estratégia de marketing	1	0	1
Estrutura administrativa que viabilize a continuidade de ações voltadas para o desenvolvimento de legados	3	1	2
Participação de pessoas comprometidas	2	0	2
Planejamento prematuro e detalhado de longo prazo	2	2	0
Participação de diferentes áreas no planejamento do legado	1	1	0
Pensar um projeto de uso das estruturas concebidas para o evento	2	2	0
Sinergia entre o legado proposto e a dinâmica local	3	1	2
Sucessão de lideranças para cada nova etapa do processo	1	0	1
Sequência de eventos e ações inovadoras que mantenham vivo o sentimento das pessoas com relação ao movimento de desenvolvimento do legado	3	0	3
Manter a base de conhecimentos gerados funcionando	2	0	2
Estabelecimento de uma visão que permaneça frente às mudanças administrativas que possam ocorrer	1	1	0

Quadro 6.9 Tabulação de Respostas da Questão 9

A Questão 10 pergunta a respeito da importância da inovação dentro do processo de desenvolvimento de legados. As respostas mostram que ela é tida como muito importante por 8 dos 11 respondentes e que apenas um deles diz que a inovação não é importante. Já a análise qualitativa deste material nos sinaliza que a inovação parece estar atrelada ao sucesso tanto do processo de desenvolvimento de legados quanto do próprio evento em si.

QUESTÃO 10

A inovação pode ser considerada importante para o processo de desenvolvimento de legados?

	Frequência	Especialista	Pesquisador
A inovação é muito importante	8	3	5
Provavelmente	1	0	1
Pode ser, caso esteja amparada por um importante processo de planejamento	1	1	0
A inovação não é importante	1	1	0
É importante a inovação tanto de instalações como de processos	2	1	1
Se não há inovação, não existe uma busca pelo melhor e mais adequado legado à situação em questão	1	0	1
O que já foi realizado com sucesso anteriormente traz segurança	2	2	0
Não se pode simplesmente transferir experiências anteriores	1	0	1
A inovação é importante, pois ela se dá a partir da aproximação entre teoria e prática	1	1	0
É importante principalmente no ambiente dos megaeventos esportivos, por se tratarem de uma grande vitrine de novas possibilidades para o mundo inteiro	1	1	0
Só a inovação pode explicar o poder de atrair investimentos e de mudar a vida de uma cidade que o megaevento tem	1	0	1

	Frequência	Especialista	Pesquisador
A inovação deve ocorrer de acordo com as tradições do evento e da região	1	0	1
Não se pode atingir o nível de envolvimento e entusiasmo necessários para o desenvolvimento de legados, sem que as pessoas envolvidas percebam que estão inovando	1	0	1

Quadro 6.10 Tabulação de Respostas da Questão 10

Cumprindo com um dos objetivos primários do nosso instrumento de avaliação, que era o de captar *insights* e pontos de sensibilidade de nossos entrevistados com relação ao tema de nosso estudo, levantamos a seguinte questão: Na sua visão, quais os pontos fundamentais para o desenvolvimento de um modelo de gestão de legados?

Nesta questão mais uma vez as respostas se apresentaram bastante dispersas, tendo atingido 20 categorias de respostas, com baixa frequência em cada uma delas. A exceção foi a categoria "Planejamento e simulação prévia de uso posterior dos possíveis legados", com cinco citações. Além disso, outras categorias também faziam relação direta com o processo de planejamento como, "Planejamento executado por uma equipe multidisciplinar" (1 citação), "Planejamento e utilização de conhecimentos prévios no operacional" (1 citação) e "Planejamento prévio de como as instalações serão administradas no período pós-evento..." (1 citação), perfazendo um total de 8 citações (aproximadamente 26% de todas as respostas) específicas ao processo de planejamento.

É importante notar como algumas características fundamentais dos processos de gestão baseados na gestão do conhecimento apresentadas neste capítulo se encontram nas respostas:

- "A declaração de visão, um norte para a ação de todos os envolvidos", "... utilização de conhecimentos prévios..."

- "Estabelecer um conjunto de conhecimentos compartilhados que esteja acessível e compreensível por indivíduos de diferentes culturas e áreas de atuação."

- "...executado por uma equipe multidisciplinar."

- "Os projetos e decisões precisam estar abertos aos diferentes interessados e envolvidos e não sob a batuta de poucos."

- "A formação de uma equipe multidisciplinar que tivesse as barreiras hierárquicas abolidas e permitisse a comunicação dos diferentes níveis hierárquicos e das diferentes áreas de atuação."

- "Criação de um ambiente rico em conhecimentos e cooperação para se desenvolver as ações."

- "Criação de uma rede virtual que possa existir em paralelo à rede real, que funcione como um instrumento de diálogo e troca de ideias e ao mesmo tempo como um arquivo de conhecimentos."

- "Integração das diferentes áreas."

QUESTÃO 11

Na sua visão, quais os pontos fundamentais para o desenvolvimento de um modelo de gestão de legados?

	Frequência	Especialista	Pesquisador
A declaração de visão, um norte para a ação de todos os envolvidos	2	2	0
Formação e contratação de recurso humano qualificado	1	1	0
Planejamento e simulação prévia de uso posterior dos possíveis legados	5	4	1
Planejamento e utilização de conhecimentos prévios no operacional	1	1	0
Estabelecimento de metodologias adequadas para a mensuração de possíveis legados	2	0	2
Coerência no uso dos termos	1	0	1
Estabelecer um conjunto de conhecimentos compartilhados que esteja acessível e compreensível por indivíduos de diferentes culturas e áreas de atuação	3	1	2
Planejamento executado por uma equipe multidisciplinar	1	1	0
Os projetos e decisões precisam estar abertos aos diferentes interessados e envolvidos e não sob a batuta de poucos	2	1	1
Não se deve trabalhar com modelos gerenciais e sim com modelos conceituais, pois os conceitos são transferíveis, já os modelos gerenciais devem ser adequados às diferentes realidades	1	0	1

	Frequência	Especialista	Pesquisador
Planejamento prévio de como as instalações serão administradas no período pós-evento, como o processo de transição se dará e como se incentivará o esporte de elite e comunitário nessas instalações	1	0	1
O desafio está em como colocar todos esses elementos juntos	1	0	1
Criação de um órgão governamental que contasse com a participação de representantes de diferentes secretarias e promovesse a continuidade do processo de desenvolvimento de legados	1	0	1
A formação de uma equipe multidisciplinar que tivesse as barreiras hierárquicas abolidas e permitisse a comunicação dos diferentes níveis hierárquicos e das diferentes áreas de atuação	1	0	1
Criação de um ambiente rico em conhecimentos e cooperação para se desenvolver as ações	1	0	1
Criação de uma rede virtual que possa existir em paralelo à rede real, que funcione como um instrumento de diálogo e troca de ideias e ao mesmo tempo como um arquivo de conhecimentos	1	0	1
Adoção de políticas públicas que estimulem comportamentos adequados por parte da população	1	1	0
Estabelecimento de modelos de gestão de patrimônio que visem ao bom uso do que é público	1	1	0

	Frequência	Especialista	Pesquisador
Se os responsáveis pelo gerenciamento dos legados não forem os mesmos responsáveis pela organização do evento, é necessário que o diálogo entre esses dois grupos inicie-se ainda durante o planejamento	1	1	0
Integração das diferentes áreas	2	2	0

Quadro 6.11 Tabulação de Respostas da Questão 11

Ao verificarmos a coerência de nosso modelo com os relatos e interpretações de especialistas e pesquisadores da área, obtidos por meio da aplicação de nosso roteiro de entrevista, pudemos confirmar e constatar alguns pontos importantes. A seguir vamos apresentá-los, dividindo-os em duas categorias (características do contexto & demandas observadas):

Características do Contexto

- Os entendimentos a respeito dos conceitos de legado e megaevento ainda não estão totalmente consolidados.

- Grande número e diversidade de pessoas e instituições diretamente envolvidas e interessadas no processo de desenvolvimento de legados dos megaeventos esportivos.

- Diferentes perspectivas apresentadas por diferentes atores do processo.

- Dificuldade em se estabelecer referenciais universais para a avaliação de legados.

- Existe um distanciamento entre as duas esferas básicas de atuação (Operacional e Estratégico), dentro das organizações esportivas.

- As equipes responsáveis pela organização dos megaeventos esportivos tornam-se cada dia mais multidisciplinares.

Demandas Observadas

- Estabelecer uma orientação comum para todos os envolvidos no processo de desenvolvimento de legados (visão de legado).

- Desenvolver mecanismos de aproximação e interação entre as esferas operacional e estratégica das organizações esportivas.

- Desenvolver mecanismos de trabalho conjunto entre grupos e indivíduos de diferentes áreas de atuação, que possibilitem o aumento da abrangência dos resultados.

- Desenvolver estruturas que permitam e estimulem o envolvimento dos diferentes atores no processo de desenvolvimento de legados.

- Adoção da inovação como prática relacionada com o desenvolvimento de legados de megaeventos esportivos.

- Assunção do planejamento como processo fundamental para o desenvolvimento de legados.

Conclusão

Diante do exposto temos duas conclusões. A primeira é que este modelo se adéqua muito bem ao contexto apresentado. Ao considerar base para o seu desenvolvimento algumas das principais características desse contexto, como o afastamento das duas esferas de atuação e a incompletude dos conhecimentos a respeito dos temas dos legados e dos megaeventos, ele se mostra extremamente afinado e pronto para operacionalização.

A segunda conclusão é que como se trata de um modelo conceitual, baseado nas teorias de gestão do conhecimento, favorece de forma espontânea a criação de novos conhecimentos. Apesar de genérico, apresenta uma clara e direta orientação de como as informações e conhecimentos podem ser compartilhados e utilizados na prática.

As novas circunstâncias e elementos envolvidos estão constantemente criando novas possibilidades e demandando novas abordagens. Cabe a cada ator perceber essas mudanças e procurar a melhor maneira de se adequar e tirar proveito desta situação.

Cada evento tem sua especificidade e abrangência. Contudo, sem dúvida se apresentam como uma importante oportunidade a ser explorada por seus organizadores. Cabe a cada um desenvolver os seus métodos, utilizando-se cada vez mais dos conhecimentos disponíveis, na busca pela inovação e otimização dos processos.

Referências

ALVARENGA, N. e RIVADÁVIA C.D. *Gestão do conhecimento em organizações: proposta de mapeamento conceitual integrativo*. 2005. 400 f. Tese (Doutorado em Ciência da Informação) – Escola de Ciência da Informação, UFMG, Belo Horizonte, 2005.

CAVALCANTI, M. *O futuro da indústria – oportunidades e desafios: a reflexão da universidade*. Ministério de Desenvolvimento Econômico, Indústria e Comércio Exterior (MDIC), 2001.

COMISSÃO DE CANDIDATURA RIO 2016 Candidature Acceptance Application for Rio de Janeiro to host the 2016 Olympic and Paralympic Games, Rio de Janeiro, 2007.

DA COSTA, L.P. Atlas do esporte no Brasil: Atlas do esporte, educação física e atividades físicas de saúde e lazer no Brasil. Rio de Janeiro: Shape, 2005.

____. Comunicação oral em 21/06/2008.

ESSEX, S. e CHALKLEY, B. *Urban transformation from hosting the Olympic Games: university lecture on the Olympics* [online article]. Barcelona: Centre d'Estudis Olímpics (UAB). International Chair in Olympism (IOC-UAB), 2003. Disponível em http://olympicstudies.uab.es/lectures/web/pdf/essex.pdf

FRANCHINELLI, A. et al. A prática da gestão de redes: uma necessidade estratégica da sociedade da informação, 2001. Disponível em http://portal.crie.coppe.ufrj.br/ portal/data/documents/storedDocuments/%7B93787CAE-E94C-45C7-992B-9403F6F40836%7D/%7BDA9AE16B-21DB-4663-8000-0E4E392C6ADA%7D/gestao_redes.pdf.

INSPECTION GROUP FOR THE 2010 FIFA WORLD CUP Inspection Group Report for the 2010 FIFA World Cup, Zurich, 2004.

IOC CANDIDATURE ACCEPTANCE WORKING GROUP Games of the XXXI Olympiad 2016 Working Group Report, Lausanne, 2008.

IOC 2016 Candidature Acceptance Procedure and Questionnaire, Lausanne, 2007.

IOC 2014 Candidature Acceptance Procedure and Questionnaire, Lausanne, 2006.

IOC EVALUATION COMMISSION Report of the IOC Evaluation Commission for the Games of the XXX Olympiad in 2012, Lausanne, 2005.

IOC CANDIDATURE ACCEPTANCE WORKING GROUP Report by the IOC Candidature Acceptance Working Group to the IOC Executive Board, Lausanne, 2004.

IOC The Legacy of the Olympic Games: 1984-2000, 2003. Moragas, M., Kennet, C., Puig, N. (orgs.). Lausanne: Olympic Museum; conclusões disponíveis em http://multimedia.olympic.org/pdf/fr_report_635.pdf

IOC EVALUATION COMMISSION Report of the IOC Evaluation Commission for the Games of the XXI Olympic Winter Game in 2010, Lausanne, 2003.

IOC EVALUATION COMMISSION Report of the IOC Evaluation Commission for the Games of the XXX Olympiad in 2008, Lausanne, 2001.

KOTTER, J.P. *Liderando mudança*. Rio de Janeiro: Elsevier, 1999.

LERI. A lasting legacy for London? Assessing the legacy of the Olympic Games and Paramlympic Games. London: London East Research Institute, 2007.

NONAKA, I. *A empresa criadora de conhecimento*. Rio de Janeiro: Elsevier, 2000.

_____ & TAKEUCHI, H. *Criação de conhecimento na empresa*. Rio de Janeiro: Elsevier, 1997.

ODA. London 2012 Sustainability Plan, 2007. London. Disponível em http://www.london2012.com/documents/locog-publications/london-2012-sustainability-plan.pdf

Preuss, H. Economic Impacts of Megaevent: Are Mega Sport Events an efficient way to invest scarce public resources? Apresentação no Seminário de Legados de Megaeventos Esportivos. Rio de Janeiro: SESC, 2008.

Preuss H. *The Economics of Staging the Olympics – A Comparison of the Games 1972-2008*. Cheltenham: Edward Elgar, 2004.

SYME, G.J. et al. *The Planning and Evaluation of Hallmark Events*. Aldershot: Avebury, 1989.

TERRA, J.C. *Gestão do Conhecimento: o grande desafio empresarial*. Rio de Janeiro: Elsevier, 2005.

TOMAÉL, M.I. et al. *Das redes sociais à inovação Ciência da Informação*, Brasília, v. 34, n. 2, p. 93-104, maio/ago. 2005.

VON KROGH, G. *Facilitando a criação de conhecimento: reinventando a empresa com o poder da inovação contínua*. Rio de Janeiro: Elsevier, 2001.

CAPÍTULO **7**

Qual o Legado dos Megaeventos?

Luiz Martins de Melo

Introdução

É excepcional a oportunidade oferecida para o desenvolvimento do Rio de Janeiro como sede dos Jogos Olímpicos e como o principal local da Copa do Mundo de Futebol. Contudo sediar um megaevento não é uma panaceia para problemas urbanos. Degradação ambiental, crescimento de favelas e violência não se superam por mágica. Mas é justo esperar que os investimentos previstos e o sentimento de promoção da cidade possam estruturar uma recuperação consistente.

Investir na cidade deve ser a prioridade para sediar os megaeventos. Além de instalações esportivas, é importante pensar nas facilidades de transporte e comunicação, na questão ambiental, na segurança e conforto de turistas, atletas e jornalistas.

Portanto, os Jogos podem ser catalisadores no almejado processo de alquimia do Rio, pois legitimam investimentos públicos em estrutura; criam otimismo e tornam atraentes investimentos privados em turismo e em atividades de serviço; e ajudam a preservar o ambiente. Em acréscimo, podem difundir mundialmente a imagem de uma cidade maravilhosa.

Um exemplo de sucesso é Barcelona. Havia terrenos baratos, mas longínquos. Entretanto o Comitê Olímpico e a cidade entenderam que localizar os equipamentos perto do centro, no seu antigo porto, era fundamental. Foram necessárias caríssimas desapropriações. Os projetos foram feitos com qualidade, os grandes selecionados em concursos públicos, dos quais só podiam participar arquitetos catalães. Em relação ao legado para a cidade, Barcelona-92 tornou-se paradigma por ter ajudado a superar a estagnação dos anos 1980 e ter se tornado uma cidade moderna. A maioria dos investimentos foi feita na infraestrutura, deixando para a população legado muito maior do que o esportivo, em especial na revitalização de áreas de convivência, no aumento da autoestima e na qualidade de vida.

Pode acontecer, contudo, de os megaventos não trazerem o legado esperado. Foi o que ocorreu em Atenas-2004 por causa do medo do terrorismo, que reduziu as receitas com o turismo e ampliou os gastos com segurança. Em Sidney escolheram grandes e belos terrenos, porém distantes do centro da cidade. Passadas as Olimpíadas, viu-se que esses equipamentos não contribuíam em nada para a estrutura da cidade e o bem da maioria dos seus cidadãos. Apesar dessa escolha errada, Sydney tornou-se referência de impacto positivo no meio ambiente em razão da despoluição da Homebush Bay e da preocupação com o desenvolvimento sustentável.

Mesmo com pouco tempo após a realização dos Jogos Olímpicos de Londres as avaliações realizadas parecem indicar que será outro caso de sucesso. As instalações para Londres se concentram ao leste da cidade. Trata-se de área onde água e solo foram contaminados por quatro séculos de uso sem cuidado pela indústria têxtil e refinarias e é ocupada hoje por imigrantes de baixa renda. Formaram-se comitês com participação da comunidade e, ao se descobrir que não haveria demanda por parte das instalações após os Jogos, sedes permanentes foram convertidas em provisórias. Houve investimento em infraestrutura que beneficia a vizinhança, e o planejamento irá além de 2012. Londres incorporou em seu planejamento o rodízio de arenas para prevenir a construção desnecessária de equipamentos.

O Rio de Janeiro se defronta com essa grave decisão: ou se baseia no precedente bem-sucedido de Barcelona e, talvez no de Londres, e enfrenta o desafio de se fazer um ótimo projeto no Porto, no Gasômetro, e ao lado da Estação da Leopoldina, isto é, no centro da cidade, ou sucumbe, copiando Sidney, construindo a maior parte dos equipamentos na Barra da Tijuca, acompanhando o movimento de expansão urbana ditado pelo interesse dos capitais imobiliários privados e não da integração urbana da cidade.

Na parte seguinte deste capítulo será analisado o conceito de legado ligando-o com o de sustentabilidade. Na parte final algumas conclusões serão apresentadas quanto ao legado dos megaeventos para a cidade do Rio de Janeiro.

Legado e Sustentabilidade

Legado é o que esses megaeventos deixam ao país, à região e à região metropolitana que os sedia. Sustentabilidade diz respeito à permanência no tempo desse legado e como a integração dos diversos aspectos do legado forma um todo compatível e coerente com a urbanização da cidade.

O legado urbano

A cidade é um espaço da luta pelos direitos sociais. A questão urbana é uma das principais áreas de lutas políticas e sociais pelos direitos de cidadania, especialmente das classes menos favorecidas. A luta pelo direito à moradia, à saúde, ao transporte, aos salários dignos, e à melhoria das condições de vida social. A história da urbanização corre em paralelo ligada com a história da luta de classes e pelos espaços urbanos. Os exemplos marcantes dessas lutas são a Comuna de Paris de 1871, o maio de 1968 e os movimentos sociais urbanos contemporâneos em Paris, em Londres, no Cairo, em Istambul e, mais recentemente no Rio de Janeiro e São Paulo. As causas deles são diferentes, mas conjugam do mesmo espaço de manifestação: o urbano. Essas manifestações marcam os espaços dos poderes dos grupos assalariados no enfrentamento com os projetos de urbanização das demais classes dominantes.

A reforma de Paris no século XIX ficou famosa como modelo para outras cidades modernas do mundo. Foi liderada pelo Barão Haussmann no período de Napoleão III e tinha como objetivo central uma cidade mais segura, avenidas e ruas com maior visibilidade, saneamento e habitação melhores, e maior espaço para a circulação de mercadorias e para o comércio de lojas. O maior espaço de circulação também propiciava o acesso mais rápido da polícia e das forças de segurança dificultando a construção de barricadas durante os protestos populares nas ruas.

O efeito simbólico dessa reforma estava em criar uma nova atmosfera social, política e cultural com visão dos espaços abertos e luminosidade da cidade, que alterou quase 60% do espaço urbano, não era apenas a realização de melhorias pontuais que somadas passassem a nova ideia urbana. Ao contrário, a dimensão totalizante da integração do espaço e do tempo urbano foi pensada para criar a dimensão urbana da burguesia triunfante e do potencial do capitalismo francês no século XIX.

O pós-modernismo está marcado pela fragmentação, indeterminação e desconfiança dos discursos universais modernistas (Harvey, 2007). Essa fragmentação e relativização passam a dar força explicativa para condições específicas e pontuais na política pública e a predominância da individualização nos processos sociais.

As condições de vida nas cidades e áreas urbanas representam situações configuradas pelas diferentes formas do modo de produção capitalista. O que acontece nas cidades é o espaço decisivo da estruturação do capital e da ação das classes sociais (Harvey, 2008). A urbanização, a globalização, os conflitos e a dinâmica da luta de classes não podem ser entendidos sem a compreensão do movimento dinâmico do capital ao nível global.

A financeirização do mundo provocou, nas últimas décadas, a intensificação da concentração e centralização dos capitais. Uma das áreas que mais tem sido utilizada como lastro dessa intensificação da concentração e centralização dos capitais é a dos ativos relacionados com a propriedade da terra (urbana e rural), das rendas derivadas desses ativos. Essa característica do ciclo mais recente de valorização do capital, que levou para a crise do subprime, aproximou ainda mais os rentistas e os financistas.

Essa aproximação recente não é uma novidade. Na fase de acumulação primitiva do capital, séculos XVI e XVII, a acumulação de riqueza pela burguesia emergente foi baseada de forma importante nos ativos de terra. Em outras épocas a propriedade da terra permaneceu como fonte primordial de reserva de valor acumulação de riqueza. Hoje em dia, mesmo com todo o predomínio da indústria e das finanças, as maiores fortunas do mundo não dispensam o controle da terra.

A especulação com os ativos de terras nas áreas urbanas fornece um escoadouro importante para a acumulação do capital. A importância do tempo de retorno do investimento do capital mais rápido nessa área do que em outras, garante uma aceleração do ganho superior aos demais e integrando essas áreas na lógica do capital financeiro.

A desregulamentação dos mercados ou a sua autorregulação levou a uma aceleração da criação de instrumentos financeiros que buscavam os ganhos muito rápidos e a incorporação de grupos de renda mais baixa ao esquema de aquisição de ativos de propriedade de terra e moradia fortemente acoplado ao mecanismo de mitigação de risco.

Esse processo gera um desenvolvimento urbano desigual e com localização espacial de diferentes relações de poder (hegemônicas) entre diferentes grupos que vão gerar conflitos que serão decisivos para o destino da democracia.

A ideologia neoliberal hegemônica teve enorme influência em definir os contornos do urbano na nova etapa da globalização como uma disputa entre as cidades pelos recursos globais. Daí a disputa cada vez mais acirrada, para gáudio das entidades esportivas internacionais, pelo direito de sediar os grandes eventos esportivos. A estratégia das cidades passa a ser se preparar para os eventos esportivos e não se estruturar para um desenvolvimento urbano destinado a atender os direitos sociais pela melhoria dos serviços públicos universais.

O exemplo do Rio de Janeiro é paradigmático dessa estratégia. O relatório apresentado pelo COB recebeu a nota mais baixa entre os finalistas: 6,8. Em primeiro lugar, ficou Tóquio, com 8,6. Depois, vieram Madri (8,4) e Chicago (7,4). O Rio, na verdade, foi o quinto colocado na disputa, ficando atrás ainda de Doha, no Catar, que teve nota 7,4. A cidade, no entanto, foi eliminada, já que só poderia realizar o evento no mês de outubro, data considerada inadequada pelo Comitê Olímpico Internacional (COI). Ficaram de fora Praga, na República Tcheca, e Baku, no Azerbaijão[1]. Isso mostra a péssima qualidade do projeto olímpico do Rio de Janeiro.

Essa estratégia da "cidade para os megaeventos" busca melhorias pontuais para os serviços públicos que não resolvem os problemas estruturais. A implantação do sistema de "Bus Rapid Transport – BRT" e "Bus Rapid Service – BRS "[2] são exemplos dos alívios temporários e pontuais, em um sistema que já se encontra operando acima do seu limite operacional. Dadas as suas especificações técnicas eles oferecem pouca margem para crescimento. São mais do mesmo. E atendem aos interesses das empresas de ônibus, que prestam esse péssimo serviço, sem que os órgãos reguladores estaduais e municipais se manifestem.

Esse padrão recorrente de incorporar novas áreas urbanas, independentemente das características ambientais[3], e sem serviços públicos adequados, serve para a aceleração da acumulação do capital imobiliário. Por que não investir na melhoria operacional da Supervia? Em implantar o metrô de superfície usando as linhas e traçados já existentes? Isso possibilitaria integração do modal rodoviário e ferroviário, este expandido.

Em termos de tecnologia e inovação na área de transporte público urbano o modal rodoviário é o que tende a perder maior relevância. A utilização de veículo leve sobre trilho-VLT e monotrilhos tende a ser a solução mais eficiente e amigável ambientalmente.

A parceria entre o transporte rodoviário privado e o capital imobiliário domina a ocupação do espaço urbano na cidade do Rio de Janeiro e nas demais cidades. O interesse do capital imobiliário determina a prioridade da ocupação urbana e a população que se vire com os serviços públicos. A pressão advinda dessa ocupação leva os empresários de ônibus e vans a atender à demanda. Ao invés do planejamento urbano público é o processo especulativo sobre a ocupação do solo urbano que prioriza a oferta do serviço público necessário. Esse processo degrada o espaço

---

[1] *Folha de São Paulo*. RIO 2016. Caderno Esporte, 05/06/2008.
[2] O interessante é o nome em inglês. Será que é para conferir credibilidade e segurança? Prefiro achar que é subserviência cultural mesmo.
[3] A região de Guaratiba é um ecossistema bastante frágil.

urbano pela ocupação informal, deteriora o meio ambiente local e fragmenta a cidade.

O legado principal da realização dos megaeventos deveria ser a modernização da malha viária, investimento nos aeroportos, e na modernização do sistema de trens urbanos e metrô. Dotar a cidade de uma infraestrutura de transporte público confortável, confiável e eficiente. As 12 principais regiões metropolitanas brasileiras nas quais aproximadamente 13 milhões de pessoas se deslocam diariamente entre os municípios que as constituem, não suportam mais deslocamentos baseados majoritariamente no modal rodoviário (ônibus e automóveis).

Mudança ocorrida entre 1977 e 2005 nas grandes Regiões Metropolitanas do Brasil apresenta uma queda no uso do transporte público de 68% para 51% do total de viagens motorizadas e o aumento no uso do automóvel de 32% para 49% (IPEA, 2011). Essas mudanças estruturais tiveram enormes consequências nos gastos dos usuários, no consumo de energia e na geração de externalidades negativas como a poluição, no congestionamento e os acidentes de trânsito. O tempo de deslocamento casa-trabalho no Brasil, no período que vai de 1992 a 2009, aponta que trabalhadores de baixa renda no país fazem viagens, em média, 20% mais longas do que os mais ricos (IPEA, 2011). Na cidade do Rio de Janeiro as viagens de automóvel já superam em quantidade as viagens de ônibus (IPEA, 2011).

A crise de mobilidade urbana é causada, principalmente, pela falta de planejamento do poder público e pela opção preferencial pelo transporte individual em detrimento do transporte público. Os incentivos fiscais concedidos pelo governo federal para a indústria automobilística também contribuíram para o aumento das vendas junto com a maior facilidade de crédito, tanto em termos de custo quanto no aumento dos prazos de amortização e no aumento do poder aquisitivo da população. Esses fatores levaram a um aumento expressivo do número de automóveis, muito superior ao investimento em vias púbicas e na elaboração e implantação de modais alternativos de transporte público. O deslocamento urbano se transformou em um martírio através de longas distâncias, engarrafamentos e as constantes panes do sistema público de transporte. Além disso, o custo do tempo perdido nos engarrafamentos se eleva exponencialmente não só do ponto de vista individual, mas principalmente social com o aumento da violência, do estresse e da ausência ao trabalho. Na cidade do Rio de Janeiro a mobilidade urbana tem piorado de forma acentuada. O tempo de deslocamento já se iguala ao da cidade de São Paulo[4].

---

[4] *O Globo*. Transporte de 1ª marcha 17/03/2013.

Essa opção preferencial pelo transporte rodoviário que marcou o processo de modernização urbana[5] até os anos sessenta do século passado refletia basicamente a visão modernista de adaptar a cidade a sua época. No Brasil, Brasília representa o urbanismo modernista em uma das suas versões mais elaboradas.

No Rio de Janeiro o "Plano Piloto para a Baixada de Jacarepaguá" mais conhecido como o "Plano Lucio Costa" seu autor, o mesmo do plano piloto de Brasília, foi o projeto que teve maior repercussão para o desenvolvimento urbano do Rio, tendo também privilegiado o transporte rodoviário e o uso intensivo do automóvel particular. A partir daí, outras intervenções viárias foram feitas para adequar a cidade ao aumento do número de veículos, porém sempre aquém da necessidade.

O principal resultado dessas intervenções urbanas pautadas pela lógica do transporte rodoviário é a transformação de determinados bairros em bairros de passagem, com a sua consequente degradação, perda da qualidade de vida das pessoas e da sua inserção social local, além dos engarrafamentos frequentes nos deslocamentos entre o local de residência e o trabalho.

Essa lógica de desenvolvimento urbano necessita sempre da ampliação de novos espaços urbanos, que são ocupados sem o necessário planejamento da implantação dos serviços públicos. Dado o montante dos investimentos que são necessários para a implantação desses sistemas, a boa teoria e prática dos investimentos em serviços públicos indica que eles têm que ser construídos na frente da demanda e com boa margem de capacidade a ser ocupada e obedecer ao mandamento de adensamento urbano para usufruir das economias de escala e escopo do investimento. Se não houver planejamento a ocupação urbana vai ser desordenada e os serviços públicos serão de má qualidade.

Esse tem sido o padrão recorrente de desenvolvimento urbano na cidade do Rio de Janeiro. Abre-se uma nova área de expansão urbana, não se planeja a implantação dos serviços públicos, transporte, moradia, saneamento etc. A indústria de construção civil começa a ocupar o novo espaço, aumenta a demanda por serviços de mão de obra, na ausência de um sistema de transporte rápido, eficiente e confortável os trabalhadores no setor de serviços se deslocam para lá, constroem suas

---

[5] O processo "suburbanização" das cidades americanas é baseado na utilização intensiva do automóvel, com os combustíveis fósseis baratos. Marca inconfundível dos anos de ouro da hegemonia americana. Na década de 1970 do século XX esse modelo começa a fazer água, com a desvinculação do dólar em relação ao ouro (1971), com a elevação dos preços do petróleo (1973 e 1978), a elevação dos juros básicos americanos (1978) e reconstrução das economias europeias, em especial a alemã, e a japonesa, que passaram a produzir automóveis mais modernos e eficientes.

casas em terrenos dos quais não possuem a propriedade e não são servidos por serviços públicos. As favelas proliferam nesse ambiente e se tornaram uma inovação institucional das pessoas para sobreviverem nesse ambiente hostil.

No caso dos Jogos Olímpicos do Rio de Janeiro a dominância da lógica da especulação imobiliária e os interesses do transporte rodoviário predominante explicam a escolha da Barra da Tijuca como o centro dos investimentos.

O legado econômico

Os estudos que avaliam o legado econômico dos megaeventos apresentam resultados no mínimo ambíguos quanto ao seu impacto positivo. As firmas de consultoria, muitas delas parceiras do COI e da FIFA, costumam projetar benefícios econômicos de curto e longo prazo para os locais-sede, sejam países ou cidades como um todo. Pelo lado estritamente econômico a maioria dos estudos realizados nos últimos 15 anos sobre os impactos econômicos dos megaeventos não são encorajadores. A renda gerada pelos megaeventos seria ínfima se comparada ao PIB nacional. Assim, as análises que enfatizam o impacto dos megaeventos na economia nacional normalmente não costumam ser acuradas (HAGN and MAENNIG, 2008 e 2009, HUMPHREYS and ZIMBALIST, 2008, JASMAND and MAENNIG, 2008 e ZIMBALIST, 2010).

No curto prazo, o aumento do investimento em infraestrutura por empreiteiras e construtoras, não necessariamente gera um aumento significativo do emprego, devido principalmente ao efeito de realocação de mão de obra já empregada e não criação de emprego. Além disso, se promovido por meio de aumento do déficit público conseguir-se-ia apenas um aumento de emprego no curto prazo, acompanhado de uma inflação nos salários e nos aluguéis. A criação de empregos não está descartada, ela é possível, mas não é garantida.

Na análise de longo prazo os estudos mostram que as fontes de renda geradas pelos megaeventos normalmente cobrem os custos diretamente envolvidos com a sua preparação. Assim, o que restaria seriam os aumentos no turismo e comércio, bem como o desenvolvimento em infraestrutura. As estimativas referentes a número de turistas, por exemplo, utilizam o número de visitantes decorrente do evento como uma variável completamente independente do resto das pessoas que visitam a cidade em outros períodos, desconsiderando o efeito *crowding out* frequente durante os jogos. Um exemplo claro disso foi o fato de que, durante as Olimpíadas de 2012 em Londres, o distrito dos teatros de West End ficou anormalmente esvaziado. Quanto aos argumentos relacionados com o turismo, os resultados também são inconclusivos. Os exemplos de Salt Lake City, Atlanta, Pequim e Londres indicariam a existência de um *crowding out effect* durante os eventos. Haveria a substituição de turistas tradicionais por aqueles animados pelos megaeventos. O ganho bruto de visitantes raramente se altera de maneira significativa, como ilustrado pelos casos de Beijing 2008 (onde o número foi pouco diferente daquele do mesmo período no ano anterior) e da África do Sul durante a Copa do Mundo (onde o ganho bruto de chegadas internacionais não foi muito além de 100.000, quando as consultorias haviam inicialmente previsto 500.000 (MATHESON, 2009).

O legado da infraestrutura esportiva

Os equipamentos construídos por ocasião dos jogos, na maioria dos casos, são uma infraestrutura cara e monumental para o evento, mas passados estes, dificilmente encontra-se um uso que justifique seu custo de construção e operação. Exemplo recente é o parque aquático dos jogos de Pequim, que foi transformado numa piscina pública. Os estádios muitas vezes continuam a ser usados, mas raramente ocupam a sua capacidade, tornando-se *elefantes brancos* com altos custos de manutenção em países com renda *per capita* inferior aos dos desenvolvidos para onde eles foram projetados. Apesar de se argumentar que a construção de equipamentos pode revitalizar áreas degradadas, isso precisa ser feito levando em conta a paisagem urbana e sua integração com as construções olímpicas. O Estádio Ninho do Pássaro, em Beijing foi construído cercado por um grande parque e servido pela rede de metrô. Esse parque, hoje em dia, é pouquíssimo frequentado, assim como o estádio. Na África do Sul, estádios foram construídos em meio a vias expressas automotivas, longe de centros residenciais ou comerciais, tornando-se igualmente abandonados em seus entornos após os jogos.

A FIFA e o COI detêm o monopólio dos direitos de exploração das imagens e das receitas dos principais megaeventos esportivos mundiais. Esses eventos são as suas principais fontes de receitas e formam a base para a formulação dos seus planos de marketing e a garantia para os seus patrocinadores[6].

---

[6] A estimativa é de que aproximadamente 90% das receitas da FIFA e do COI dependem diretamente dos megaeventos.

Esse monopólio e as regras contratuais daí derivadas que os países e cidades que vão sediar esses eventos assinam são praticamente uma intervenção branca na legislação nacional. Todos os direitos que entram em conflito com as garantias legais assumidas pela FIFA e pelo COI com os seus patrocinadores passam em substituição à legislação local. Os países e os governos regionais têm que alterar a sua legislação para adaptá-la aos requisitos legais do contrato assinado e assumir os possíveis riscos dos prejuízos futuros. A FIFA e o COI recebem os bilhões de dólares, principalmente das televisões, e não pagam pelas instalações esportivas, infraestrutura, segurança, etc. dos eventos. A África do Sul recebeu US$500,0 milhões como participação nas receitas da Copa do Mundo. A FIFA aproximadamente US$3,0 bilhões[7].

Tanto a FIFA quanto o COI são entidades autocráticas dominadas pelo eurocentrismo. Existe uma enorme concentração de poder e número ilimitado de reeleições dos seus dirigentes máximos. Essa autocracia não convive bem com as democracias, como ficou mostrado nas manifestações dos seus dirigentes com relação ao andamento das obras nos estádios brasileiros.

O eurocentrismo faz com que todas as especificações técnicas dos estádios, arenas e instalações esportivas tenham como parâmetros a realidade econômica e social dos países desenvolvidos. Esses países já contam com toda rede de infraestrutura de serviços públicos construída e, em muitos casos, de estádios e instalações esportivas. Apenas alguns ajustes necessitariam ser feitos. A renda *per capita* também torna acessível para grande parte da população os ingressos para as competições esportivas, que de modo geral já são realizadas nesses países.

O legado da imagem positiva

Um argumento frequentemente usado a favor da realização de megaeventos é o fato de que eles promovem uma maciça exposição midiática das suas sedes em um curto período, o que poderia fazer com que turistas e investidores fossem atraídos para dar

---

[7] A estimativa da FIFA no Mundial de 2014 para receita de direitos de transmissão, patrocínio e licenciamentos chega a cerca de R$10 bilhões, 36% maior que o faturamento com a Copa do Mundo da África do Sul 2010 e 110% superior ao da Alemanha, em 2006. Os direitos de transmissão são a maior fonte de receita da FIFA, seguida pelo patrocínio. Para a Copa do Mundo 2014, a entidade conta com o apoio de 20 empresas para promover o evento. Fonte: http://esportes.r7.com/futebol/noticias/fifa-vai--ter-lucro-de-r-10-bilhoes-com-copa-do-mundo-20130327.html. Acesso em 25/06/2013.

sustentabilidade no longo prazo. Esse argumento, no entanto, é controverso. Em muitos casos, como Londres e Paris, a cidade já está no "mapa" internacional. Em outros, ela não teria como se beneficiar da exposição internacional por ter pouca vocação para o turismo, como no caso de Atlanta. O caso paradigmático é Barcelona. Mas teria o Rio de Janeiro condições políticas de reproduzir Barcelona?

A resposta a essa pergunta passa por vários temas interligados. Em primeiro lugar, a revolução informacional da virada do século XXI possibilita a transmissão em tempo real dos megaeventos para espectadores do mundo inteiro, gerando enormes receitas publicitárias para os comitês organizadores e patrocinadores, a despeito da renda diminuta dos países-sede. Em segundo, a proximidade entre os interesses da mídia, do esporte e das grandes empresas, materializando-se num pacote de monopólios, seria vantajosa em locais pouco desenvolvidos, ainda relativamente "virgens" dessa fase do capitalismo internacional. Por fim, a própria avidez dos países por sediar esses eventos, oferecendo propostas grandiosas apesar da controvérsia em torno de seus benefícios.

Porém, a ambiguidade dos resultados dos estudos de impacto econômico e das consequências de longo prazo dos megaeventos faz com que as razões políticas e de marketing, nem sempre baseadas em fatos concretos sejam os determinantes para se entender a opção das cidades dos países em desenvolvimento para sediá-los. Assim, essa disposição adviria da crença em que esses megaeventos teriam a capacidade de "carimbá-los" como espaços globais e pertencentes ao mapa dos locais economicamente relevantes do globo. Além disso, haveria nesses eventos uma oportunidade de "marca mundial de qualidade" para os países e cidades-sede: o país ou a cidade e suas marcas seriam promovidas de forma ostensiva durante o evento, beneficiando o seu parque industrial e turístico. Finalmente, haveria o intangível, uma melhora no humor e orgulho cívico da população decorrente da demonstração de ser capaz de receber o evento. As recentes manifestações nas principais cidades brasileiras mostraram que isso é mais desejo do que realidade.

O legado da melhoria na democratização do esporte

Outro aspecto importante do legado de longo prazo dos megaeventos é a política pública para o desenvolvimento do esporte. A democratização do acesso da população à prática esportiva (educação física) é um direito fundamental da construção da cidadania.

Se definirmos a atividade física como uma forma de conhecimento do mundo através do relacionamento do corpo com a realidade exterior, ela se transforma em um forte vínculo entre o indivíduo e o seu meio social. É um fator de civilidade extremamente importante. Ensina regras de convivência social e permite um claro reconhecimento dos limites individuais e sociais. Ensina a conhecer a si, o outro e os outros, no sentido de que a existência precede a essência, isto é a consciência não é algo distinto do corpo.

O lazer esportivo se enquadra perfeitamente neste conceito de autoconhecimento e conhecimento dos outros. O que estamos tentando mostrar é que existe uma continuidade entre as atividades com mais alta tolerância ao erro, isto é, em que o lazer e o divertimento predominam e as atividades com mais baixa tolerância ao erro, nas quais a competição e a excelência da performance predominam. A primeira é lazer esportivo. A segunda o esporte profissional.

Essas condições de prática da atividade esportiva, seja por lazer, seja profissionalmente, constituem o *locus* privilegiado da ação humana nessa área. Arrumar o campo de pelada significa local e hora. Além disso, permite que uma série de serviços secundários ao serviço principal – local, hora, bola, uniforme e escalar os times – sejam organizados para a completa realização do lazer: o vendedor de refrigerante e cerveja, o pagode, o churrasquinho etc.

Podemos comparar essa precária prestação de serviços, com a sofisticada cadeia da produção do espetáculo esportivo: treinamento, assistência médica, alimentação regulada, campo bem tratado, concentração em hotéis, uniformes com materiais especiais, estádios com infraestrutura de alimentação, estacionamento, lugares marcados etc.

Estamos lidando em ambos os casos com a mesma cadeia de produção, variando apenas a sua complexidade e sofisticação. Isto não quer dizer que este seja um problema trivial. A diferença entre o amadorismo e o profissionalismo é grande. O que os une é a paixão pela atividade que está sendo realizada. Não existe esporte sem torcida apaixonada, da mesma forma que o lazer só se organiza pela paixão dos seus praticantes.

Portanto, existe um misto de criatividade e de necessidade de legitimação por parte da sociedade para que as atividades esportivas de lazer passem a subir na escala da valorização social das suas atividades.

Essa rede de interesses econômicos e de negócios, a interação de vários mercados e áreas de investimento, e a sua integração em uma única direção, a valorização do espetáculo esportivo e do ídolo esportivo fornecem o impulso crucial para a sua contínua reprodução: a expectativa de ascensão social para as populações mais carentes. O sonho de se tornar um ídolo os anima a investir em estratégias de sobrevivência, que possam lhes dar um espaço de valorização social, mesmo que local, para que consigam reproduzir em seu universo algo da magia da vida dos seus grandes ídolos.

Por último, porém não menos importante, cabe registrar a necessidade de uma política direcionada para o aproveitamento da infraestrutura esportiva construída, para evitar que eles se transformem em "elefantes brancos". Em países de baixa ou média renda *per capita*, é difícil que se encontrem as condições de sustentabilidade econômica e financeira das arenas e estádios construídos para os Jogos Olímpicos e a Copa do Mundo. Estes são projetados para a realidade dos países desenvolvidos e incorporam nos seus projetos de engenharia as condições econômicas e sociais desses países, o que encarece sobremaneira a sua manutenção em países mais pobres.

Até o momento não se conhece uma política pública estruturante para o esporte e a atividade física, nem para o uso após os megaeventos das instalações esportivas construídas.

Conclusão: A Festa e a Ressaca

Em linhas gerais, teremos problema de gerenciamento do legado esportivo e é preciso refletir e montar tais oportunidades, ao se pensar o legado dos megaeventos em termos de estrutura esportiva e impactos regionais, muito mais como uma questão de política pública do que como *business*.

A grave questão do modo como foi pensado o projeto olímpico do Rio de Janeiro é que este plano vai ao encontro da fragmentação da cidade do Rio em quase três cidades distintas: Barra da Tijuca, Baía de Guanabara e a Zona Norte. Esta última abriga quase 60% da população da cidade e do ponto de vista dos investimentos e planejamento urbano não direcionou quase nada. Os megaeventos na cidade do Rio de Janeiro vão instigar ainda mais a desigualdade urbana e a precariedade da qualidade de vida da maior parte da população. Assim, os investimentos não incorporam a verdadeira integração do espaço urbano.

As Olimpíadas em Londres estão sendo consideradas um segundo caso de sucesso. No entanto, este sucesso é em grande parte fruto da infraestrutura que já estava montada há décadas. Para nós, os Jogos Olímpicos trazem o desafio e oportunidade de "reestruturar a estrutura" para o desenvolvimento urbano, econômico e social. O legado dos megaeventos deve ser avaliado em termos de aspectos econômicos, materiais, urbanos, políticos e simbólicos. Os legados políticos, simbólicos e espaciais são provavelmente os mais tangíveis, duradouros e significativos. No capitalismo, dado o seu caráter de classe, os resultados do capital investido, são desigualmente distribuídos. Como os projetos da Copa do Mundo e dos Jogos Olímpicos reproduzem as condições da dominação hegemônica sobre o espaço urbano, o legado também as manterá.

As instalações esportivas dos megaeventos no Brasil, em muitos locais, vão se transformar em "elefantes brancos" após os eventos, sendo subutilizados e necessitando de altas taxas de manutenção, pois não estão enraizadas em planos de desenvolvimento metropolitano, como no caso de Barcelona. Essa é a única possibilidade de os megaeventos serem positivos – uma oportunidade de superar gargalos políticos e acelerar o desenvolvimento.

O segundo ponto é a falta de estrutura esportiva no país. Este impacto também é importante, pois parte do ponto de vista de como democratizar o esporte e a prática esportiva. É importante avaliar a diferença entre países que têm estrutura esportiva organizada e aqueles que não têm. Há enormes complicações políticas na organização do esporte no Brasil, cujos problemas são importantes para mostrar diferenças entre as realidades dos países e questionar os impactos do evento no esporte, sendo que no caso brasileiro há poucos esportes organizados e bem articulados.

Zimbalist (2010) conclui da seguinte forma:

> "Estudos econométricos do impacto das Copas do Mundo mostram que sediar esse evento traz pouco ou nenhum benefício permanente em termos de renda ou emprego. Não há evidência de ganhos permanentes com turismo, e as instalações para os jogos costumam virar "elefantes brancos" após o evento. Países emergentes têm ganhos na melhora de infraestrutura, como transporte, mas em tese seria mais barato fazer esses investimentos sem gastar com os eventos esportivos."[8]

Hagn and Maennig (2008) concluem na mesma direção:

---

[8] Traduzido pelo autor.

"Our estimates on the basis of four different estimation approaches come to the conclusion that the 1974 Football World Cup held in Germany was not able, neither in the short nor in the long term, to generate employment effects in the host cities that were significantly positively different from zero. The study and its results are unique to the extent that for the first time, employment effects of a Football World Cup or a major sporting event outside of the USA have been examined in a multivariate study. Nevertheless the results are in line with the evidence from studies of sport events. Our results not only correspond with those of Baade and Matheson (2004), which were unable to prove any income effects significantly different from zero in the host cities of the 1994 Football World Cup in the USA; they also correspond with almost all ex post multivariate income and employment analyses of major sporting events and venues which, with the exception of Hotchkiss et al. (2003) for the 1996 Olympic Summer Games in Atlanta and Jasmand and Maennig (in press) for the Olympics 1972 in Munich, show no income and/or employment effects that are significantly positively different from zero."

Essa é a importância de atentar para os pontos mencionados anteriormente: as diferenças dos países e seus impactos e na questão da organização do esporte. Quais serão os impactos na organização do esporte após os eventos?

O simbolismo dos megaeventos, o legado intangível dos megaeventos para o Brasil e o Rio de Janeiro, que não estão na geografia global do poder monopolístico da FIFA ou do COI torna difícil se conseguir furar esses grandes interesses econômicos estabelecidos e dar a sustentabilidade de longo prazo derivada da exposição da imagem. Eles foram criados para estrutura de países desenvolvidos, mesmo ressaltando que não quer dizer que não devem ser realizados aqui. O simbolismo sustentável já está naturalmente inserido em Londres, Paris, Berlim e Nova Iorque pela posição que estas cidades ocupam na história do capitalismo hegemônico.

O não entendimento dessas limitações simbólicas, políticas e institucionais de sediar os Jogos Olímpicos e a Copa do Mundo se refletem na opção estratégica de preparar a cidade para os megaeventos e não os megaeventos para a cidade.

O único efeito positivo incontestável seria o orgulho cívico e a felicidade geral catalisada pelo evento. Nisso o Rio de Janeiro se configura por sua história e pelo caráter do seu povo como imbatível. Resta saber se a festa será maior que a ressaca.

Referências

Hagn, F. e Maennig, W. Employment Effects of the Football World Cup 1974 in Germany. *Labour Economics*, vol. 15, n. 5, p. 1062-75, 2008.

_____. Large Sport Events and Unemployment: The Case of the 2006 Soccer World Cup in Germany. *Applied Economics*, vol. 41, n. 25, p. 3295-302, 2009.

Harvey, D. *A condição pós-moderna*. 6ª ed. São Paulo: Edições Loyola, 2007.

Harvey, D. *O neoliberalismo, história e implicações*. São Paulo: Edições Loyola, 2008.

Humphreys, B. e Zimbalist, A. *The Financing and Economic Impact of the Olympic Games*. The Business of Sports, vol. 1, (eds.) Brad Humphreys and Dennis Howard, Westport, Connecticut: Praeger, 2008.

IPEA. Infraestrutura Social e Urbana no Brasil subsídios para uma agenda de pesquisa e formulação de políticas públicas A mobilidade urbana no Brasil. *Comunicados do IPEA número 94*. Brasília: Maio de 2011.

Jasmand, S. e Maennig, W. Regional Income and Employment Effects of the1972, Munich Summer Olympic Games, *Regional Studies*, vol. 42. n.7, p. 991-1002, August, 2008.

Matheson, V. *Economic Multipliers and Mega-Event Analysis*, International Journal of Sport Finance, vol. 4, n. 1, p. 63-70, 2009.

Polanyi, K. *A grande transformação: as origens da nossa época*. Rio de Janeiro: Elsevier, 2000.

Tocqueville, A. *A democracia na América*. São Paulo: Editora da Universidade de São Paulo, 1977.

Zimbalist, A. Is It Worth It?. *Finance & Development*, p. 9-1, March, 2010.